Reisen ohne Langeweile

# Reisen ohne Langeweile

Über
150 lustige Spielideen
für die ganze Familie

MOEWIG

Konzeption und Text: Verlagsbüro Kopp
Layout, Illustration und Herstellung:
Ekkehard Drechsel BDG
Umschlagmotiv: Bonnie Timmons/Getty
Images, München

www.MOEWIG.de

Printed in Germany

ISBN 3-8118-2928-9

Die Spiele eignen sich für alle – die Altersangabe dient als Empfehlung. ⑧

# Spiele für unterwegs

## Tonstörung ⑧

Ein Spiel für zwei, das sich besonders dann gut eignet, wenn Mitreisende, insbesondere im Flugzeug, aber auch im Auto, nicht gestört werden sollen. Im Wechsel sagt jeder lautlos ein Wort vor sich hin, achtet aber ganz genau darauf, die Buchstaben „ausdrucksvoll“ mit den Lippen zu formen. Der Mitspieler muss nun das gesuchte Wort Buchstabe für Buchstabe von den Lippen ablesen. Wer in der „Lippensprache“ geübt ist, kann sogar kleine Sätze erkennen.

## Anfangsbuchstabenspiel ⑩

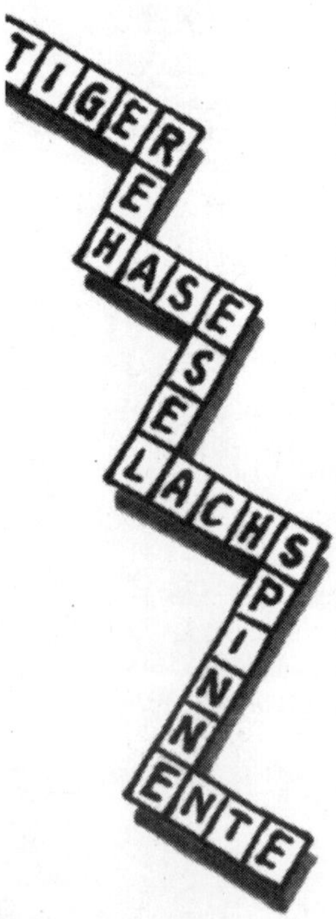


Ein Spiel, das sich auch für eine größere „Reisegesellschaft“ eignet. Einer beginnt und nennt einen Begriff. Der Nächste sagt ein Wort, das mit dem Buchstaben anfängt, mit dem der Begriff des Vorgängers endet usw. Das Ganze lässt sich in verschiedenen Schwierigkeitsgraden spielen:

1. Es sind alle Begriffe erlaubt. Beispiel: Italien – Nil – Leopard – Doris …
2. Alle Wörter müssen zu einem bestimmten Oberbegriff gehören, zum Beispiel „Tiere“: Elefant – Tintenfisch – Hase – Esel …
3. Die Begriffe müssen a) mit einem Konsonanten (Bank – Kreuz – Zeppelin – Nebel …), b) mit einem Vokal enden (Tau – Ulla – Affe – Esso …).

Nicht ganz einfach!

## Wettervorhersage ⑤

Zu diesem Spiel werden Knöpfe aller Art (Blusen-, Jacken- und Hosenknöpfe) gebraucht, und alle Mitreisenden können mitmachen. Jeder sucht an seiner Kleidung die Knöpfe. Jetzt wird auf den ersten Knopf getippt und „sonnig" gesagt. Beim zweiten Knopf heißt es „wolkig", beim dritten „windig", beim vierten „regnerisch". Dann wieder von vorne, bis jeder Spieler alle seine Knöpfe „getippt" hat. Das Wetter, das beim letzten Knopf angesagt wurde, gilt als die jeweils persönliche Wettervorhersage. Und dann gibt es noch die allgemeine Vorhersage, nämlich für das Wetter, das am häufigsten genannt wurde.

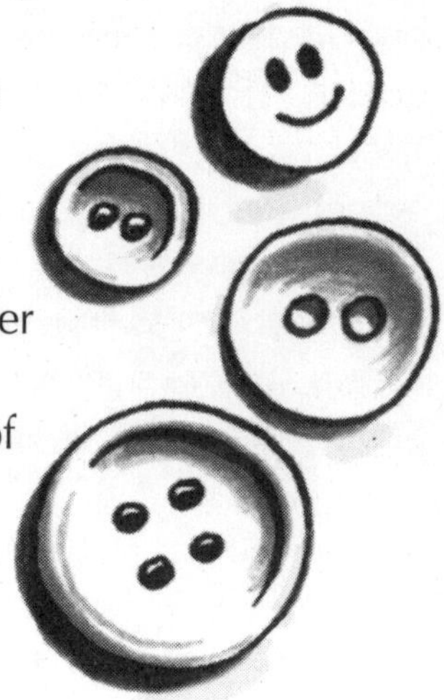

## Vogelschau ⑤

Ein Spiel für die ganze Familie oder mehrere Mitreisende: Alle gucken aus dem Fenster und halten Ausschau nach Vögeln. Wer als Erster einen Vogel entdeckt und beschreibt, bekommt einen Punkt. Gewonnen hat, wer in 15 Minuten die meisten Vögel gesichtet und Punkte gesammelt hat. Pluspunkte gibt es, wenn man auch den richtigen Namen des Vogels weiß.

## Umkehrsprache ⑩

Hier können beliebig viele Spieler mitmachen, der Jüngste darf anfangen: Er sagt ein Wort rückwärts auf, und die Mitspieler müssen es erraten. Wem das am schnellsten gelingt, der darf den nächsten Begriff rückwärts sprechen. Weniger geübte Spieler dürfen sich einen Spickzettel machen, das Wort aufschreiben und dann von hinten nach vorne vorlesen. „Fortgeschrittene" können das Ganze aber auch mit kleinen Sätzen probieren.

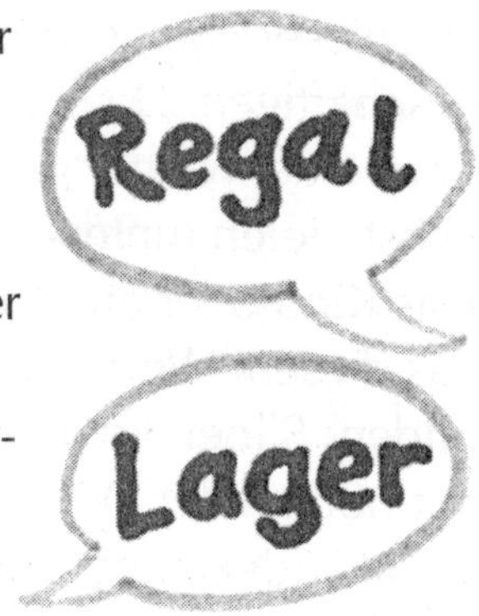


## Unendliche Geschichte ⑧

Hier sind Fantasie und Beobachtungsgabe gefragt. Ein Spieler denkt sich eine fantastische Reise, zum Beispiel zum Nordpol, aus und beginnt zu erzählen. In seinem Reisebericht muss aber alles, was er auf der tatsächlichen Fahrt sieht und beobachtet (Seen, Flüsse, Türme, Burgen, Autos, Flugzeuge, Landmaschinen, Bäume usw.) vorkommen. Nach einer bestimmten Zeit (zum Beispiel 3 Minuten) wird er von einem Mitspieler, dem spontan die „Fortsetzung" einfällt, in seiner Erzählung gestoppt. Dann darf wieder der Nächste die Geschichte unterbrechen und weitererzählen usw. Das ergibt dann wirklich eine „unendliche Geschichte".

## Buchstaben-Puzzle ⑧

Mit diesem Spiel kann sich ein Kind auch alleine beschäftigen. Dazu braucht es Papier und Bleistift. Vater oder Mutter geben einen Begriff mit möglichst vielen (unterschiedlichen) Buchstaben vor. Das Kind oder alle Mitreisenden versuchen dann, aus diesem Wort möglichst viele neue Wörter zu bilden. Silben können auch vertauscht werden, um auf noch mehr Wörter zu kommen. Zum Beispiel „Umkleidekabine": um, Kleid, Kabine, Biene, Leid, die, kaum, klein ...

## Kennzeichen-Quiz ⑫

Bei diesem Spiel hat die Nase vorn, wer im Erdkundeunterricht gut aufgepasst hat oder sich in Deutschland gut auskennt! Gesucht werden Autokennzeichen von bekannten Städten – also mit nur einem oder zwei Buchstaben (B = Berlin; BA = Bamberg). Einer schaut aus dem Fenster und entscheidet sich für ein Kennzeichen, zum Beispiel „M" (München). Jetzt müssen alle Mitspieler Begriffe nennen, die man mit dieser Stadt verbinden kann (Hofbräuhaus, Olympiaturm, FC Bayern, Bier, Schloss Nymphenburg usw.). Für jeden Begriff gibt es einen Punkt. Wer die meisten Begriffe gefunden und Punkte gesammelt hat, ist Sieger und darf dann das nächste Kennzeichen aussuchen.

## Die Reise nach A … (12)

Dieses Spiel macht besonders Spaß, wenn möglichst viele mitmachen. Der erste Spieler fängt an: „Meine Reise geht nach A“, und alle müssen raten, wohin seine Reise geht (Amsterdam, Afghanistan, Australien ...). Wer als Erster das Reiseziel erraten hat, macht weiter: „Ich reise mit F“, und alle müssen das Transportmittel herausfinden (Flugzeug, Frachter, Fahrrad, Fallschirm, Fesselballon ...).
Der Nächste meint: „In meinem Koffer habe ich K“ (Kompass, Karten, Kleingeld, Kalender ...).
Ein weiterer Spieler lässt den Reiseproviant, ein anderer die Reisebegleitung, wieder ein anderer die Unterkunft erraten usw. Natürlich dürfen die merkwürdigsten Reiseziele, Reiseutensilien und Transportmittel gewählt werden.

## Wer fährt wohin? (8)

Mit diesem Spiel gibt es sogar im Stau, oder wenn es nur langsam vorangeht etwas Abwechslung. Dabei sind Spürsinn und Fantasie gefragt.
Alle Mitfahrer schauen sich Insassen und Gepäck der „Staunachbarn“ genau an und überlegen, wohin deren Reise wohl gehen könnte – ob sie an den Strand, in die Berge oder in eine Stadt fahren. Wenn der Stau länger dauert, lassen sich aus diesen „Vermutungen“ auch richtige kleine Geschichten entwickeln.

## Abc-Spiel ⑥

Der jüngste Mitspieler beginnt und nennt einen beliebigen Buchstaben, zum Beispiel „B". Jetzt suchen alle anderen Spieler die Landschaft und Umgebung, durch die gerade gefahren wird, nach etwas ab, das mit diesem Buchstaben beginnt, zum Beispiel ein „Bauernhof". Wer zuerst einen Begriff nennt, darf als Nächster den Buchstaben aussuchen. Bis das ganze Abc genannt wurde, ist man dem Reiseziel schon ein gutes Stück näher gekommen!

## Burggeschichten ⑧

Wer auf der Fahrt zuerst eine Burg entdeckt, darf sich eine passende Geschichte dazu ausdenken: Lebte hier vielleicht ein Raubritter? Und hat er möglicherweise ein schönes Fräulein geraubt und eingesperrt? Oder spukt in der Burg nur noch der ruhelose Geist eines Ritters, den man jede Nacht Schlag zwölf mit seinem Pferd durch den Burghof galoppieren hört? Oder wurde gar ein Rivale bei lebendigem Leib eingemauert?
Die Geschichte wird natürlich immer gruseliger, je mehr Spieler dazu beitragen.

## Buchstabensalat ⑧

Dieses Spiel macht Kindern und Erwachsenen Spaß – der Schwierigkeitsgrad muss natürlich entsprechend unterschiedlich festgelegt werden. Ein Spieler fängt an, den Buchstabensalat anzurichten. Er schreibt ein Wort auf ein Blatt Papier, tauscht dann die Buchstaben aus und zeigt das Ergebnis den Mitspielern. Beispiel: Es ist nicht einfach, in dem merkwürdigen Wort „Ismschonrnen" den „Sonnenschirm" zu erkennen, etwas leichter lässt sich der Begriff „Natte" = „Tante" erraten.

## Länder raten ⑩

Ein Spiel, das sich vor allem für lange Autobahnstrecken eignet: Geraten wird in zwei Stufen. Zuerst findet man bei ausländischen Kennzeichen heraus, aus welchem Land ein Auto kommt. Dann sollen bekannte Städte des betreffenden Landes genannt werden.
Beispiel: „NL = Niederlande";
Amsterdam, Rotterdam, Den Haag.
Oder man muss die Hauptstadt des jeweiligen Landes erraten.

## Teekessel raten ⑩

Je mehr bei diesem Spiele-Klassiker mitmachen, desto besser. Zwei Teilnehmer einigen sich – unhörbar für die anderen – auf einen Begriff mit doppelter Bedeutung, zum Beispiel:
„Mutter" (Schraubenmutter – weiblicher Elternteil) oder „Hahn" (Wasserhahn – Federvieh).
Den Mitspielern beschreiben sie die unterschiedlichen Wortinhalte. Diese müssen dann den Begriff erraten.

## Weltreise ⑧

In diesem Spiel können sich kleine „Weltenbummler" beweisen. Einer fängt an und beschreibt ein Land, ohne es dabei zu nennen, mit drei typischen Begriffen.
Beispiel: Spanien – Torero, Tapas, Flamenco;
Schottland – Kilt, Dudelsack, Whisky;
Italien – Vesuv, Rialtobrücke, Comer See usw.
Die Mitspieler müssen anhand dieser Begriffe das gesuchte Land raten. Je nach Alter der Mitspieler kann man auch unterschiedliche Schwierigkeitsgrade festlegen und auch Begriffe nennen, die vielleicht weniger bekannt sind.

## Abc-Reise ⑥

Ein Spiel vor allem auch für Abc-Schützen: Einer fängt an und sagt: „Wir reisen nach Albanien". Der Nächste macht weiter, und zwar muss in seinem Satz ein Hauptwort mit dem Anfangsbuchstaben „B" vorkommen, also: „Wir fahren alle mit dem Bus." Im darauf folgenden Satz steht dann ein Begriff mit „C": „Auf der Fahrt trinken wir Coca-Cola" usw. Diese spielerische Abc-Übung lässt sich natürlich beliebig variieren.

## Schnellrate-Runde ⑥

Wer ist der Schnellste im Raten? Ein Spieler gibt einen Buchstaben vor, und alle müssen dazu blitzschnell eine Stadt, ein Land, ein Tier, eine Sportart oder eine berühmte Persönlichkeit usw. nennen. Der Schnellste darf als Nächster den Buchstaben vorgeben.

## Wahr oder unwahr? ⑧

Jeder Mitspieler beschreibt sich selbst mit drei Sätzen. Zwei treffen auch wirklich auf ihn zu, in einem Satz aber hat sich eine faustdicke Lüge versteckt. Wer diese als Erster herausfindet, darf die nächste Lügengeschichte erzählen.

## Doppelwort-Suche ⑧

Wieder ein Spiel für eine größere „Fahrgemeinschaft“: Ein Spieler nennt ein Wort, zum Beispiel „Haus“. Der nächste Spieler hängt einen Begriff an, der einen neuen Sinn ergibt, wie „Hausmeister“. Der Nächste in der Runde muss jetzt mit dem Wort „Meister“ ein neues Doppelwort finden, zum Beispiel „Meisterbrief“. Weiter geht es vielleicht mit „Briefbote“ oder „Botenjunge“... usw.

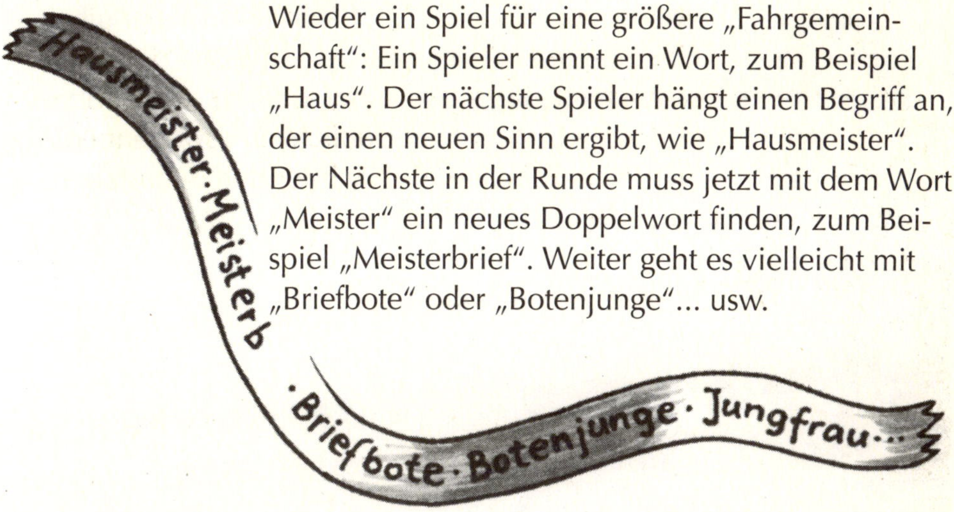

## Blinde Fahrt ⑥

Dieses Spiel eignet sich für Autofahrten über Land, besonders für kurvenreiche Bergstrecken oder Küstenstraßen. Ein Mitfahrer schließt die Augen und nennt die Richtung, in der das Auto seiner Empfindung nach gerade fährt: „geradeaus – Rechtskurve – Linkskurve – bergauf – bergab". Die anderen prüfen, ob er richtig liegt. Jeder – außer dem Fahrer natürlich (!) – kommt einmal dran. Wem es beim Autofahren schlecht wird, der sollte bei diesem Spiel jedoch nicht mitmachen.

## Ein Koffer auf Reisen ⑩

Hier wird spielerisch das Gedächtnis trainiert. Einer fängt an, den Koffer zu packen: „Ich packe meine Jeans in den Koffer."
Der Nächste legt einen Pullover dazu: „Im Koffer sind eine Jeans und ein Pullover."
Dann kommen zum Beispiel eine Taucherbrille, ein Buch, ein CD-Player, ein Fotoapparat ... dazu. Und da es ein wirklich großer Koffer ist, passt auch eine Menge hinein.
Wie viel hat davon wohl im Gedächtnis Platz? Und wer hat sich am Ende alle Reiseutensilien gemerkt?

## Familiengeschichten ⑩

Jeder Mitfahrer nimmt eine bestimmte Stellung in einer erfundenen Familie ein. Wie groß diese Familie ist, richtet sich auch nach der Anzahl der Mitfahrer – in einem Bus zum Beispiel kann sie aus Urgroßvater, Urgroßmutter, Großmutter, Großvater, Vater, Mutter, Kindern, Enkeln, Urenkeln, Neffen, Nichten, Cousinen, Cousins, Schwager, Schwägerin, Schwiegermutter und Schwiegervater bestehen.
Je mehr Mitglieder diese Familie hat, desto mehr lässt sich natürlich über sie erzählen. Diese Familie geht nun auf Reisen, und ein Mitspieler muss darüber berichten. Dabei macht er natürlich immer wieder Anmerkungen zu jedem einzelnen Familienmitglied. Wird ein Mitglied von ihm erwähnt, muss dieses „Ja, so war das!" rufen. Das Ganze wird richtig turbulent, wenn man die Geschichte immer schneller erzählt. Versäumt ein Familienmitglied seinen Einsatz, muss es die Geschichte weitererzählen.

## Welche Automarke führt? ⑧

Dieses Spiel eignet sich am besten für eine Autobahnstrecke, weil dort die meisten Fahrzeuge unterwegs sind. Jeder Mitfahrer nennt nun seine bevorzugte Automarke.
Wer innerhalb von 10 Minuten die meisten Favoriten zählt, hat gewonnen.

## Reiseleiter ⑧

Hier kann die ganze Familie mitspielen. Jeder übernimmt für 5 Minuten die Aufgabe eines Reiseleiters, der seiner „Reisegruppe“ die Landschaft bzw. die Umgebung, durch die gerade gefahren wird, eindrucksvoll und begeistert beschreibt. Dabei darf er ruhig ein wenig Fantasie entwickeln, besonders dann, wenn es nicht viel Bemerkenswertes zu sehen und zu beschreiben gibt.

## Wer sieht's als Erster? ⑤

Gute Beobachtungsgabe ist hier gefragt. Ein Spieler nennt einen Begriff, zum Beispiel „Tanne – Brücke – Kirche – Schafe ...“, und alle schauen aus dem Fenster und suchen die Umgebung danach ab. Wer als Erster fündig wird, darf als Nächster einen Begriff aussuchen. Kniffeliger wird die Sache, wenn etwas gesucht werden soll, was nicht leicht zu entdecken oder nicht oft zu finden ist, wie ein Jäger-Hochstand, eine Berghütte oder eine Bushaltestelle usw.

## Solo für Pfeifer ⑩

Bei diesem Spiel können alle – je mehr Mitspieler, umso lustiger – mitmachen, nur der Fahrer nicht! Einer schließt die Augen, und alle anderen pfeifen nacheinander eine kleine Melodie oder einfach ein paar Töne. Jetzt muss herausgefunden werden, wer welche Melodie oder Töne gepfiffen hat.

## Wo lebt welches Tier? ⑥

Ein schnelles Spiel: Ein Mitfahrer wird zum Spielleiter bestimmt. Er ruft der Reihe nach den Mitspielern Tiernamen zu, und sie müssen blitzschnell den Lebensraum nennen, in dem das Tier lebt.
Beispiele:
Eisbär – Arktis;
Delphin – Meer;
Kamel – Wüste;
Krokodil – Fluss usw.

## Dalli, dalli ⑧

Ein Teamspiel, bei dem jeweils zwei zusammen spielen. Sie müssen zu einem bestimmten Thema in 30 Sekunden möglichst viele Begriffe finden. Jeder Begriff gibt einen Punkt, es gewinnt das Team mit den meisten Punkten. Beispiel: „Wir fahren zum Südpol – welche Ausrüstung brauchen wir?".
Philipp: Karte – Lisa: Schneeanzug;
Philipp: Schlitten – Lisa: Zelte;
Philipp: Kompass – Lisa: Schneebrillen usw."
Lustig wird das Spiel, wenn den Teampartnern keine passenden Begriffe mehr einfallen. Dann werden nämlich die merkwürdigsten Ausrüstungsgegenstände eingepackt – und natürlich auch verteidigt!

## Das Farbenspiel ⑤

Einer nennt eine Farbe, zum Beispiel „Blau".
Wer als Erster beim Hinausschauen etwas in dieser Farbe entdeckt, darf als Nächster die Farbe auswählen. Das Spiel lässt sich auch etwas schwieriger gestalten, indem man Formen vorgibt, zum Beispiel „sehr hoch, sehr niedrig, rund, viereckig …".

## Grimassenspiel ⑤

Einer gibt der Reihe nach den Mitspielern vor, welche Grimassen sie schneiden sollen, zum Beispiel: „Stirne runzeln, Augenbrauen hochziehen, Nase rümpfen, Mundwinkel hängen lassen, Augen zusammenkneifen oder Zähne fletschen" usw. Schwieriger wird es, wenn verschiedene Grimassen kombiniert werden sollen, zum Beispiel „Stirne runzeln und Mundwinkel verziehen – Nase rümpfen und Augenbrauen hochziehen …" Wer das meiste Gelächter erntet, dessen Grimasse wird prämiert.

## Stumme Unterhaltung ⑧

Bei diesem Spiel sind Ausdruckskraft und Einfallsreichtum gefragt. Ein Spieler stellt der Reihe nach an jeden Mitspieler Fragen, die diese nur durch Gesten oder Mimik beantworten dürfen. Dabei darf also kein einziges Wort fallen. Beispiele:
„Welches Musikinstrument spielst du?
Was ist deine Lieblingsspeise?
Welchen Sport treibst du?
Wohin fährst du in den Ferien?"

## Doppeldecker ⑥

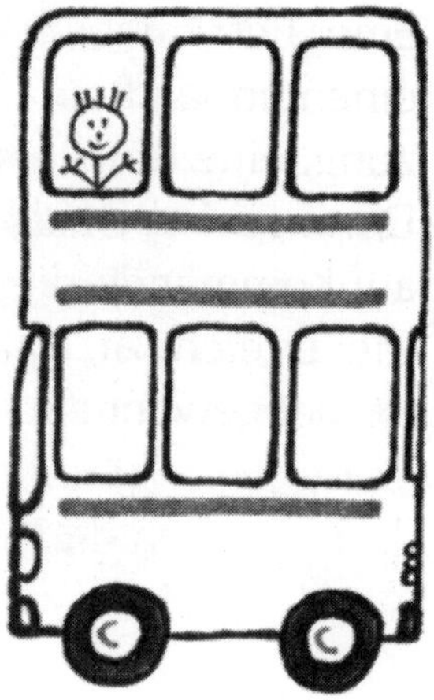

Für dieses Spiel braucht man Papier und Bleistift. Der erste Spieler zeichnet einen Doppeldecker-Bus mit möglichst vielen Fenstern und „setzt“ gleich einen Reisenden an das erste Fenster. Dann gibt er das Blatt weiter an den nächsten Spieler, der ebenfalls einen Reisenden an einem Busfenster zeichnet. Und so geht es immer wieder reihum, bis der Bus voll besetzt ist. Da kommt ganz bestimmt eine lustige Reisegesellschaft zusammen – besonders dann, wenn die Zeichenkünste recht unterschiedlich sind.

## Länderrätsel ⑫

Alle halten Ausschau nach einem Auto mit ausländischem Kennzeichen. Wurde eines entdeckt, muss Folgendes zum Herkunftsland des Autos erraten werden: Hauptstadt, Währung, bekanntes Bauwerk, Gewässer usw.
Zum Beispiel:
GB (Großbritannien): London – engl. Pfund – Buckingham Palace – Themse …
E (Spanien): Madrid – Euro – Escorial-Palast …
Ganz Schlaue können vielleicht sogar auch den Regierungschef nennen.

## Schätzrunde ⑩

Einer bestimmt in der Ferne ein Ziel, zum Beispiel einen hohen Baum, eine Hütte, eine Straßenkreuzung, eine Brücke, einen Turm usw.
Dann schließen alle – außer dem Fahrer natürlich – auf Kommando die Augen. Wer glaubt, dass das Ziel erreicht ist, ruft „hier". Wer am nächsten dran ist, hat gewonnen.

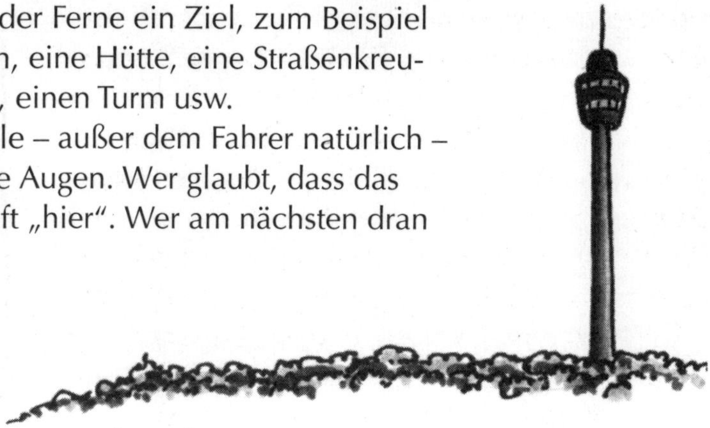

## Reisegeschichten ⑧

Alle zusammen beobachten ein Fahrzeug mit seinen Insassen, und einer beginnt nun spontan, darüber eine Reisegeschichte zu erzählen.
Das kann der Spannung halber auch eine Kriminalgeschichte sein. Mitten in der Geschichte hört der Erzähler plötzlich auf und sagt zu einem Mitfahrer: „Fortsetzung folgt …"
Der muss sofort, ohne groß nachzudenken, in die Geschichte einsteigen und weitererzählen, bis auch er wieder stoppt und zum Nächsten „Fortsetzung folgt …" sagt.
Der letzte Spieler muss dann den völlig überraschenden Schluss oder ein Happyend finden.
Das wird ganz sicher eine unglaubliche Geschichte!

## Verkehrskontrolle ⑩

Bei der Fahrt durch eine Stadt lässt sich die „Verkehrssicherheit“ der Mitfahrer spielerisch testen. Jeder beobachtet das Geschehen auf der Straße und meldet umgehend, wenn er einen Verkehrsteilnehmer oder auch Fußgänger bei einem Fehler ertappt.

## Urlaubsrätsel ⑩

Hier können zwei und mehr mitspielen. Gebraucht werden ein Blatt Papier und Bleistifte.
Jeder Spieler denkt sich zehn Begriffe aus, die für ihn mit den Ferien bzw. dem Ferienziel zusammenhängen, zum Beispiel „Pizza, Sand, Adria, Sonne, Wein, Rimini, Schiff, Carlo, Gelati, Disco“. Man schreibt diese Begriffe beliebig – von rechts nach links, von links nach rechts, von oben nach unten oder von unten nach oben in die Kästchen (siehe Zeichnung). Die frei bleibenden Kästchen werden mit beliebigen Buchstaben gefüllt. Dann tauscht man die Zettel aus, und jeder muss die versteckten Ferienbegriffe des anderen suchen.

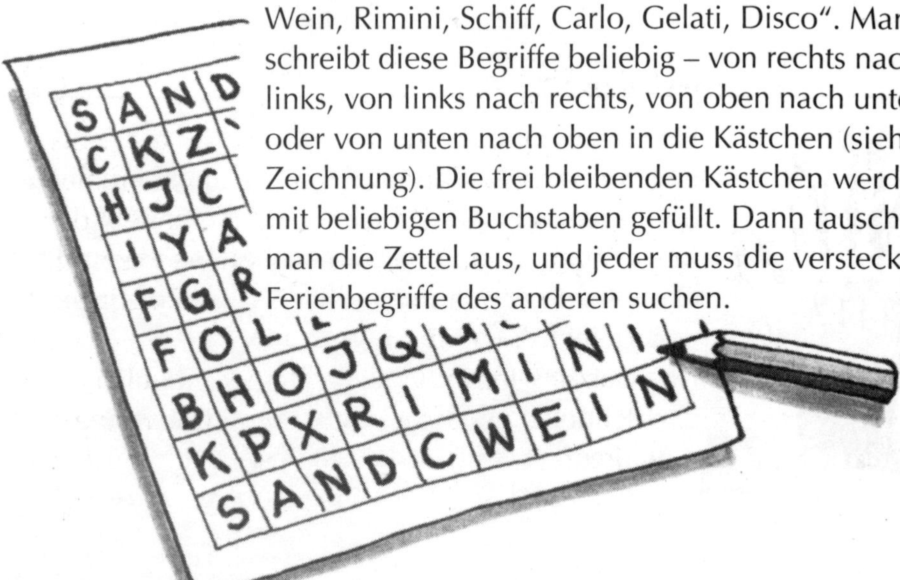

## Bandwurmgeschichte ⑧

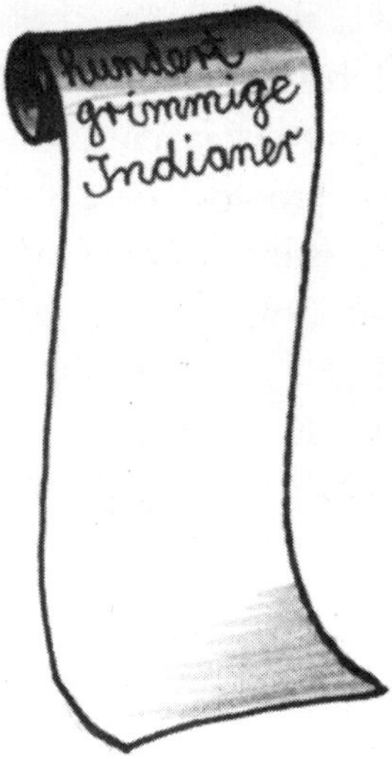


Der erste Spieler schreibt oben auf ein Blatt Papier zwei Worte, zum Beispiel ***„Ein einsamer"***, und reicht es dann weiter an den Nächsten. Der hängt drei Worte an: ***„Cowboy reitet auf ..."***.
Die nächsten Spieler hängen jeweils vier, fünf, sechs ... Worte an: ***„seinem klapprigen Gaul Silvester ... durch die weite Prärie Arizonas ... plötzlich sieht er hundert grimmige Indianer ..."***
Je mehr Spieler mitmachen, umso länger, lustiger oder spannender wird die Geschichte. Man kann das Blatt aber auch so lange herumgeben, bis kein Platz mehr zum Schreiben ist.
Was wird der Cowboy auf seinem langen Ritt wohl alles noch erleben?

## Heb den Finger ⑤

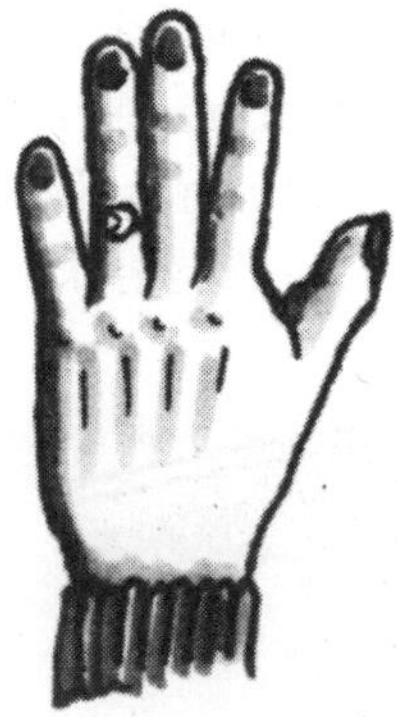

Ein kleines Spiel für die Flugreise: Alle, die nebeneinander sitzen, klappen ihre Tischchen herunter und legen eine Hand flach darauf. Einer hebt den Zeigefinger an, und die anderen machen es nach. Dann kommen Daumen, Mittelfinger, Ringfinger und kleiner Finger dran.
Das Ganze wird im Wechsel immer schneller und schneller gemacht – wer kann ohne Panne mithalten?

## Europareise ⑥

Für dieses Spiel benötigt man einen Würfel, bunte Filzstifte und eine alte Europakarte, die nicht mehr gebraucht wird. Jeder Spieler sucht sich bei den Stiften eine Farbe aus, dann wird gewürfelt.
Es dürfen jeweils so viele Reiseziele farbig unterstrichen werden, wie der Würfel oben Augen zeigt.
Jedes Ziel darf nur einmal markiert werden.
Wer nach zehn Spielrunden die meisten Städte besucht hat, ist Europa-Sieger.

## Verkehrszeichensuche ⑧

Wieder ein Spiel, das bei der Fahrt durch eine Stadt für Abwechslung sorgt. Auf einer Strecke von einem Kilometer sollen die Mitfahrer der Reihe nach alle Verkehrszeichen benennen, die zu sehen sind. Für jede richtige Ansage gibt es einen Punkt, für jede falsche wird ein Punkt abgezogen.

## Was reimt sich? (8)

Ein Spieler nennt ein Wort, und alle anderen müssen innerhalb von drei Minuten möglichst viele Begriffe finden, die sich auf dieses Wort reimen. Beispiel „Haus“: Maus, Laus, Schmaus, Graus, Strauß, … Wer vor Ablauf der Zeit keinen Reim mehr auf Lager hat, nennt einen neuen Begriff, für den Reime gefunden werden müssen.

## Kennzeichen-Rechnen (12)

Ein Spiel für fixe Rechner. Ein Spieler liest die Zahlen eines Autokennzeichens vor. Diese Zahlen sollen miteinander multipliziert werden.
Beispiel: 1856 = 1 x 8 x 5 x 6 = 240.
Gewonnen hat, wer am schnellsten die richtige Lösung weiß.

## Buchstaben-Stopp ⑥

Ein Spiel für zwei: Einer sagt nur für sich in Gedanken das Alphabet auf, bis der andere „Halt“ ruft. Dann nennt er den Buchstaben, bei dem er stehen geblieben war, und sagt „Los!“. Nun muss der andere innerhalb von 30 Sekunden möglichst viele Hauptwörter aufsagen, die mit diesem Buchstaben beginnen. Dann wird getauscht.
Man kann das Ganze natürlich auch mit Zeit- und Eigenschaftswörtern spielen.

## Städte-Quiz ⑧

Für dieses Spiel braucht man eine Autokarte oder einen Autoatlas. Ein Spieler sucht zuerst auf der Deutschlandkarte eine kleinere, nicht allzu bekannte Stadt aus, und die anderen müssen sie nun auf der Karte suchen. Wer sie als Erster entdeckt, darf als Nächster eine Stadt bestimmen. Das Spiel lässt sich natürlich auch auf Europa ausdehnen. Für die kleineren Mitspieler werden bekannte, große Städte ausgesucht, für die größeren kleinere und weniger bekannte.

## Orangen-Abc ⑥

Ein Reiseproviant-Spiel: Man zerteilt eine Orange und stellt den Mitspielern Abc-Fragen: „Wer kennt ein Land mit A?“ Wer als Erster ein Land nennt, bekommt ein Stück Orange. Dann geht es weiter: „Wer kennt eine Sportart mit B?“ So werden nach und nach alle Orangenstücke verteilt. Man kann auf diese Weise natürlich auch andere Preise verteilen, zum Beispiel Bananen, Kekse, Schokolade, Bonbons usw.

## Was kommt um die Kurve? ⑤

Auf Strecken mit vielen Kurven, zum Beispiel auf einer Berg- oder Passstraße oder entlang der Küste, bringt dieses Spiel eine Menge Spaß. Der Reihe nach gibt jeder Spieler einen Tipp ab, was für ein Fahrzeug bzw. welche Automarke in welcher Farbe als Nächstes um die Kurve kommt. Für den richtigen Autotyp oder die richtige Farbe gibt es einen Punkt. Wurde beides richtig getippt, gibt es zwei Punkte. Man kann zusätzlich natürlich auch noch auf die Zahl der Insassen tippen. Dafür gibt es dann einen Zusatzpunkt.

## Gepäckkontrolle ⑧

Zuerst wird eine bestimmte Strecke festgelegt, zum Beispiel ein Kilometer. Dann schaut jeder aufmerksam aus dem Fenster und zählt die Gepäckstücke, die er im Innenraum und/oder auf dem Dach anderer Autos erkennen kann. Wer bis zum Ziel die meisten Gepäckstücke „kontrollieren" konnte, ist Sieger.

## Familie Müller ⑩

Wieder ein Spiel für den Stau: Es wird ein „Staunachbar" mit Vater, Mutter und zwei Kindern ausgesucht. Das ist „Familie Müller aus Berlin". Nun erzählen alle etwas über die Müllers: die Vornamen, das Alter der Familienmitglieder, den Beruf des Vaters, der Mutter, die Hobbys der Kinder, wo die Familie wohnt usw.

## Kuckucksei ⑥

Einer denkt sich eine Sportart aus, zum Beispiel „Tennis“, und nennt dann ganz schnell hintereinander möglichst viele Begriffe, die damit zusammenhängen. Allerdings muss er einen Begriff hineinschwindeln, der gar nicht passt, zum Beispiel „Tor“. Wer als Erster das „Kuckucksei“ entdeckt, darf die nächste Sportart aussuchen.

## Welches Tier bin ich? ⑥

Der Reihe nach denkt sich jeder ein Tier aus, und die anderen müssen raten, um welches Tier es sich jeweils handelt.
Dabei dürfen sie nur Fragen stellen, die entweder mit „ja“ oder „nein“ beantwortet werden können:
„Lebst du auf der Erde?
Hast du Flügel?
Frisst du Gras?
Muss man sich vor dir fürchten?“

## Wörter erfinden ⑧

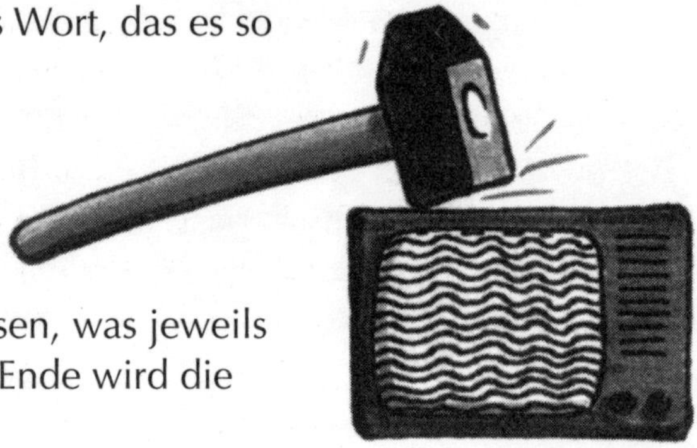

Jeder Spieler erfindet ein tolles Wort, das es so nicht gibt, zum Beispiel:
„Hutabschneider“,
„Katzencomputer“,
„Fernsehhammer“,
„Küchenferrari“.
Natürlich sollen auch alle wissen, was jeweils darunter zu verstehen ist! Am Ende wird die lustigste Erklärung prämiert.

## Bingo ⑩

Zwei bis vier Spieler können teilnehmen. Jeder zeichnet auf ein Blatt Papier ein Rechteck und unterteilt es in 4 x 4 gleiche Kästchen. In die trägt er ein, was man auf der Fahrt unterwegs sehen kann. Wer Dinge aus seinen Kästchen entdeckt, darf sie ausstreichen. Sieger ist, wer als Erster alle Kästchen ausgestrichen hat.

## Galgenmännlein ⑫

Hier können zwei mitspielen. Der eine denkt sich ein langes Wort aus und malt für jeden Buchstaben dieses Worts einen waagerechten Strich auf einen Zettel. Der andere muss das Wort erraten und nennt einen Buchstaben nach dem anderen. Kommt der genannte Buchstabe in dem Wort vor, wird er an der (wenn er öfter vorkommt, an den) richtigen Stelle/n eingetragen. Bei jedem falschen Buchstaben aber bekommt das Galgenmännlein einen Strich. Neunmal darf man falsch raten, beim zehnten Mal baumelt das Männlein schon am Galgen!

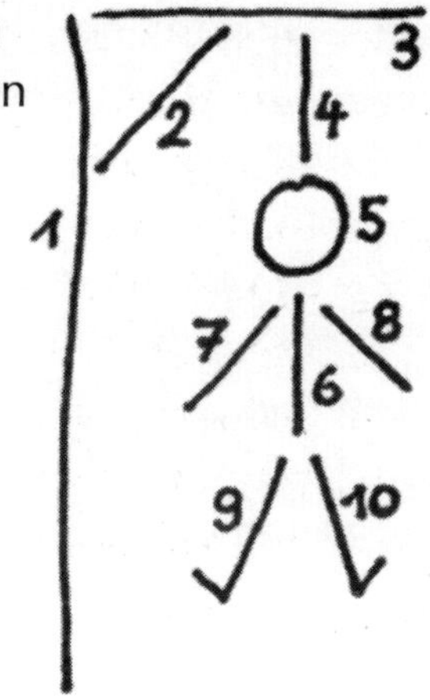


## Blinde Kunst ⑩

Jeder Spieler bekommt ein Blatt Papier und einen Stift. Dann gibt einer vor, was gezeichnet werden soll, zum Beispiel ein Elefant. Nun werden der Reihe nach jedem Mitspieler (außer dem Fahrer natürlich!) die Augen verbunden, und er muss den Elefanten blind zeichnen.
Wessen Elefant am Ende am besten getroffen ist, darf als Nächster das Zeichenmotto vorgeben. Man kann aber auch denjenigen als Sieger ausrufen, der den ulkigsten Elefanten gezeichnet hat!

## Sprechgesang ⑤

Zuerst singen alle gemeinsam ein bekanntes Lied, vielleicht „Hänschen klein". Danach soll für die nächsten 15 Minuten nicht mehr „gesprochen", sondern alles, was zu sagen ist, nur noch nach der Melodie dieses Liedes gesungen werden, zum Beispiel: „Schaut mal dort …,
steigt mal aus …,
trinkt mal was …".
Man kann das Ganze natürlich auch mit dem neuesten Song aus der Hitparade veranstalten. Auf jeden Fall haben alle dabei eine Menge Spaß!

## Das Flugauto ⑤

Ein Auto hat natürlich keine Flügel, aber man kann sich doch einmal vorstellen, dass sich das Auto, in dem man gerade fährt, in die Lüfte erhebt, und was es dann alles von oben sehen würde! Hier können alle Mitspieler – auch die kleinen – ihrer Fantasie freien Lauf lassen.

## Wetten, dass … ⑤

Alle Mitspieler gehen der Reihe nach eine Wette ein, zum Beispiel: „Wetten, dass uns in den nächsten fünf Minuten ein Auto aus Berlin überholt …, ein Kirchturm zu sehen ist …, der Zug über eine Brücke fährt …“ Das Ganze wird über mehrere Runden gespielt. Wer die meisten Wetten gewinnt, ist „Wettkönig“.

## Wo ist die Erbse? ⑤

Ein kleines Spielchen, das vor der Abreise vorbereitet werden muss. Im Reiseproviant, am besten in den belegten Broten oder Brötchen, wird eine Erbse versteckt. Wer sie später findet, darf sie gegen einen kleinen Preis (Schokolade, Bonbon, Keks) eintauschen.

## Dingsda ⑤

Je mehr vor allem auch kleinere Mitspieler mitmachen, umso lustiger wird es. Ein Spieler denkt sich einen Begriff (oder eine Person) aus und beschreibt ihn (oder sie), ohne ihn/sie zu nennen.
Alle anderen müssen nun raten, was (oder wer) gemeint ist. Wer als Erster die richtige Lösung weiß, darf als Nächster raten lassen.

## Heiteres Beruferaten ⑩

Spieler A denkt sich einen Beruf aus und teilt ihn leise, ohne dass es die anderen hören, Spieler B mit. Die übrigen Teilnehmer müssen nun durch gezielte Fragen an den Spieler B den Beruf von Spieler A erraten.
Die Fragen dürfen nur mit „Ja“ oder „Nein“ beantwortet werden.
Für jedes „Nein“ bekommt Spieler A ein Bonbon.

## Wer spricht da? ⑧

Ein Spieler führt ein wichtiges Gespräch mit einem unsichtbaren Telefonpartner, ohne ihn dabei zu nennen. Die anderen müssen nun anhand von Bemerkungen, Hinweisen, Beschreibungen usw. herausfinden, wer der Teilnehmer am anderen Ende ist und/oder welchen Beruf er hat.

## Zeitungs-Abc ⑧

Die Eltern verteilen an jedes Kind eine Seite aus der (mitgenommenen) Tageszeitung.
Jeder soll mit einem Stift auf seiner Seite für jeden Buchstaben des Alphabets ein Wort finden und einringeln: zuerst Hauptwörter, dann Zeit- und Eigenschaftswörter.

## Wunschtaler ⑧

Der Spielleiter schenkt einem Teilnehmer einen Taler mit unbegrenztem materiellem Wert.
Der kann sich damit nun einen ganz besonderen Wunsch erfüllen, den die anderen Spieler herausfinden müssen. Um ihn in die Enge zu treiben, versuchen alle, ihn durch gezielte Fragen zu den Antworten „Nein" als Verneinung und „schwarz" oder „weiß" als Beschreibung der Farbe zu verleiten. Gelingt das, hat der Besitzer des Wunschtalers verloren. Hält er jedoch dem „Kreuzverhör" stand, kann man ihm mit einem Trick überlisten, indem man sagt: „Gerade hast du doch nein gesagt!"
Die spontane Antwort wird natürlich „Nein" sein!

## Die schnellste Schlange ⑧

Alle beobachten gemeinsam die Warteschlangen an den Abflugschaltern.
Nun werden Wetten abgeschlossen, in welcher Schlange die Flugpassagiere am schnellsten abgefertigt werden.

## Enten fliegen hoch ⑤

Ein beliebtes Spiel, das auch auf einer Flugreise für Abwechslung sorgen kann. Alle, die in einer Reihe sitzen, klappen ihre Tischchen herunter und legen die Hände darauf. Nun sagt einer „Enten fliegen hoch" und lässt seine Hände in der Luft flattern. Alle anderen machen es ihm nach. Auf diese Weise lässt man alle möglichen Vögel durch das Flugzeug fliegen. Dann heißt es plötzlich „Elefanten fliegen hoch", und weil Elefanten natürlich nicht fliegen können, müssen die Hände auf dem Tischchen liegen bleiben. Wer patzt als Erster?

## Fluggesellschaften raten ⑩

Alle beobachten aus dem Fenster der Abflughalle Flugzeuge, die ankommen, abfliegen oder auf dem Rollfeld parken.
Dann müssen die Fluggesellschaften den Herkunftsländern zugeordnet werden.
Zum Beispiel: KLM – Niederlande,
AUA – Österreich … usw.
Eine Spielvariante:
Was bedeuten denn die Abkürzungen?

## Wer fliegt wohin? ⑧

Wartezeiten auf dem Flughafen können sich lange hinziehen. Mit kleinen Spielen lassen sie sich überbrücken. Alle zusammen beobachten eine halbe Stunde lang die Passagiere, die die Abflughalle betreten. Jetzt werden Tipps abgegeben, wohin welcher Passagier fliegt, d.h. zu welchem Abflugschalter er gehen wird.
Wer nach Ablauf der Zeit die meisten Passagiere richtig eingeschätzt hat, erhält als Preis ein Erfrischungsgetränk.

# Spiele für die Fahrpause

## Rundherum ⑤ P

Nach einer langen Autofahrt, während der alle meist beengt und möglichst ruhig sitzen müssen, ist Bewegung und Lockerung angesagt, zum Beispiel auf dem nächsten Rastplatz. Alle machen mit und suchen sich einen Baum. Der wird zuerst im Laufschritt, dann auf einem Bein und in der Hocke hüpfend, im Rückwärtsgang und auf allen vieren umrundet.

## Springreim ⑧ P

Zwei Spieler gehen 30 Schritte auseinander. Dann ruft einer dem anderen ein Wort zu, zum Beispiel „Schwanz“.

Bevor der nun vorwärts springen darf, muss er mit einem Begriff antworten, der sich darauf reimt, zum Beispiel „Tanz“. Jetzt ruft er ein Wort, und der andere Spieler muss ein Reimwort finden, ehe er springt. Wenn sich beide treffen, ist das Spiel zu Ende.

## Treffpunkt ⑤ P

Zwei Spieler gehen 20 Schritte auseinander, wenden dabei aber einander den Rücken zu.
Auf ein Kommando hin gehen sie jetzt rückwärts wieder aufeinander zu, dürfen dabei aber keinen Mucks von sich geben. Werden sie zusammenstoßen, knapp aneinander vorbeilaufen oder sich sogar weit verfehlen?

## Schattensprung ⑤ P

Auf einem sonnigen Platz wird ein etwa 3 x 3 m großes Spielfeld mit Stöckchen oder Steinen markiert. Alle Mitspieler stellen sich nun in dieses Feld und fangen an, sich zu bewegen.
Dann versucht jeder, auf den Schatten eines anderen zu springen.

## Steine balancieren ⑥ 🅿

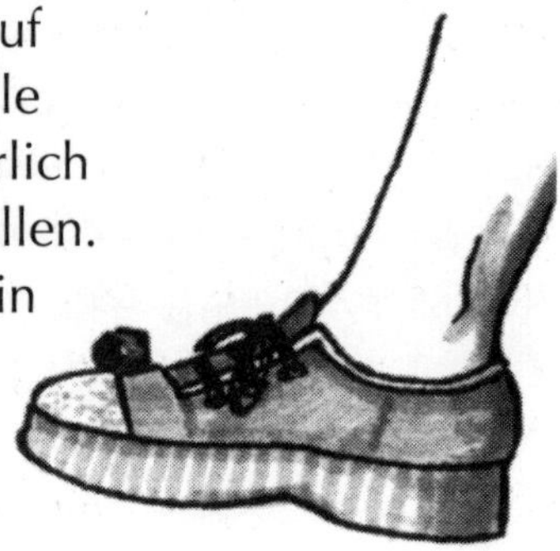

Jeder Mitspieler legt sich einen kleinen Stein auf die Schuhe. Auf ein Kommando hin müssen alle eine bestimmte Strecke laufen und dabei natürlich darauf achten, dass die Steine nicht herunterfallen. Wer als Erster das Ziel erreicht und keinen Stein verloren hat, ist Sieger und bekommt ein Erfrischungsgetränk „nach Wahl".

## Zielwerfen ⑧ 🅿

Man sucht einen sandigen Boden und zieht mit einem Stock Kreise in verschiedenen Größen. In jeden Kreis wird eine Zahl eingeritzt, und zwar absteigend. Beispiel: Im größten Kreis steht „1", im kleinsten „6".

Nun wird in 3 m Entfernung eine Linie gezogen, an der sich alle Spieler aufstellen und der Reihe nach versuchen, mit kleinen Steinchen in die Kreise zu treffen. Je nach der Zahl im Kreis werden die Punkte vergeben.

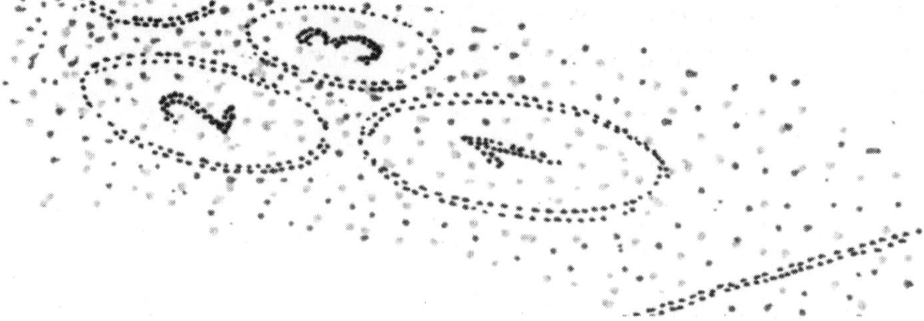

## Hampelmann ⑤ P

Alle Mitspieler stellen sich im Kreis auf und stehen stocksteif da. Auf einmal fängt einer an, wie ein Hampelmann die Arme hochzuwerfen, die Beine zu grätschen und mit dem Kopf zu wackeln. Und alle anderen machen es ihm nach. Ganz plötzlich steht der Hampelmann ganz still. Wer als Letzter der Mitspieler wieder in die „Ruhelage“ zurückkehrt, muss als Nächster den Hampelmann machen.

## Küchenchinesisch ⑧ P

Wenn Kinder Hunger haben, besonders nach einer langen Autofahrt, kann das Warten aufs Essen (im Gasthaus oder Restaurant) – auch für die Eltern – zur Qual werden. Dieses Spiel sorgt für Entspannung und verkürzt die Wartezeit. Alle am Tisch einigen sich auf die chinesische Geheimsprache, d.h. anstelle von „r“ wird „l“ gesprochen.
Statt „Ich würde gerne Würstchen mit Sauerkraut verdrücken“ heißt es dann: „Ich wülde gelne Wülstchen mit Sauelklautveldlücken“.
Achtung: Nicht in der Geheimsprache bestellen!

## Apfel-Duo ⑧ P

Ein Spiel für eine größere „Reisegruppe“, die sich in zwei Mannschaften teilen lässt.
Von jeder Mannschaft stellen sich immer zwei Spieler an einer Startlinie auf, zwischen die Stirn einen Apfel geklemmt. Auf „Los“ wandert das „Apfel-Duo“ in Richtung Ziel. Dort müssen die Äpfel in einen Korb oder einen Beutel abgeladen werden. Gewonnen hat die Mannschaft, die die meisten Äpfel sozusagen „Kopf an Kopf“ ins Ziel gebracht hat.

## Doppelstift ⑧ P

Mit diesem Spiel kann sich ein Kind auch alleine beschäftigen. Gebraucht werden ein Blatt Papier und zwei Stifte. Das Kind nimmt in jede Hand einen Stift und soll nun beidhändig zum Beispiel einen Elefanten zeichnen. Das ist ganz schön schwierig – dafür ist das Ergebnis sicher lustig!

## Taler, Taler ... ⑧ P

Auch mit diesem Spiel lässt sich für Kinder und Eltern im Gasthaus das Warten aufs Essen verkürzen. Man braucht dazu eine Münze und ruhige Hände. Alle legen ihre Hände flach auf den Tisch. Der Erste legt sich die Münze auf den Handrücken, lässt sie auf die andere Hand gleiten und von dort vorsichtig auf die Hand seines Nachbarn. Fünf Minuten lang soll nun die Münze rundherum wandern. Wem sie herunterfällt, der scheidet aus. Gewonnen hat der, auf dessen Hand die Münze am Ende der Spielzeit liegt. Er darf sie als Gewinn behalten und kann so seine Reisekasse aufbessern!

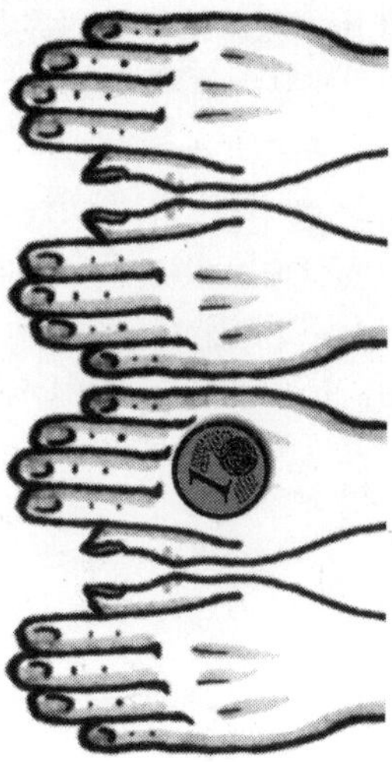

## Händedruck ⑫ P

Allen Mitspielern werden die Augen verbunden, nur einer bleibt ohne Augenbinde. Er führt jetzt immer zwei Spieler zusammen, die sich die Hände geben und dann gegenseitig erraten sollen, wem sie die Hand drücken.

## Mit einem Strich ⑩

Hier eine ganz schön knifflige Aufgabe für Zeichenkünstler: Wer schafft es, auf einem Blatt Papier die folgenden Figuren in einem Zug nachzuzeichnen, ohne den Stift abzusetzen und ohne eine Linie doppelt oder über die Figur hinauszuziehen?
Eine Figur allerdings kann man nicht mit einem Strich zeichnen – wer findet heraus, welche das ist?

①

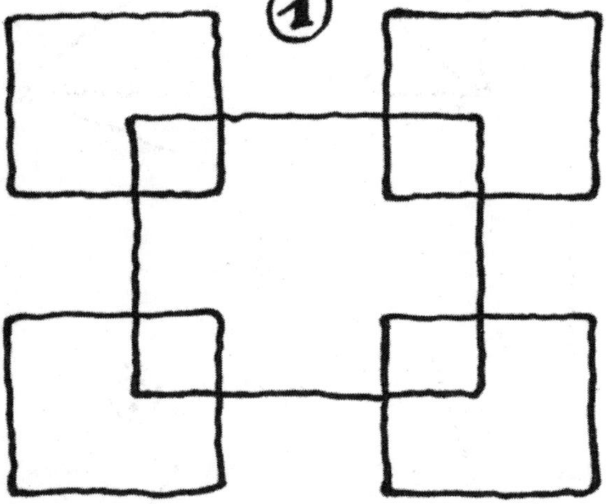

②

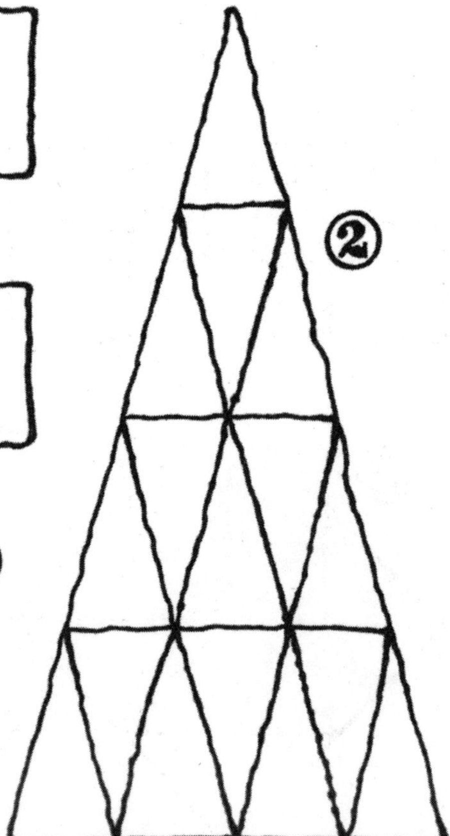

③

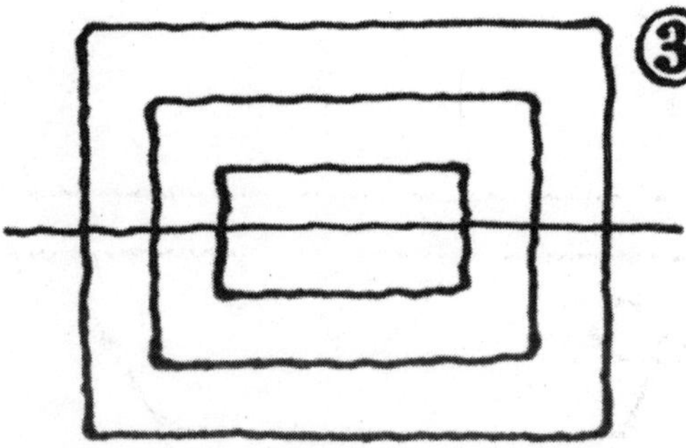

④

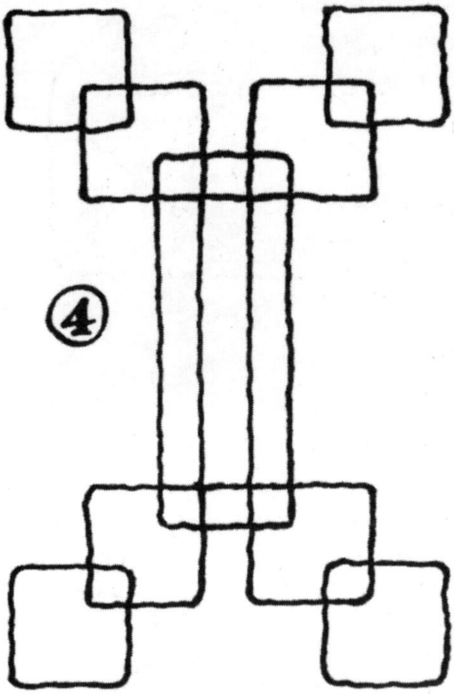

⑤

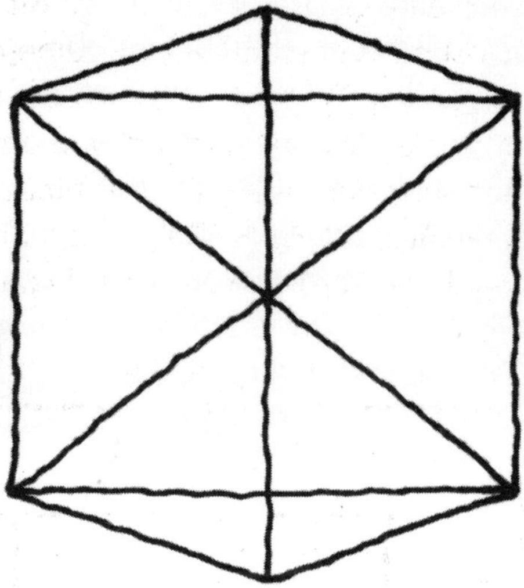

⑥

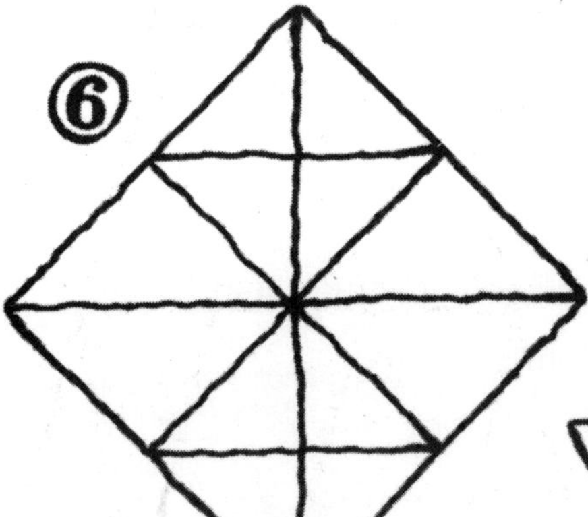

⑦

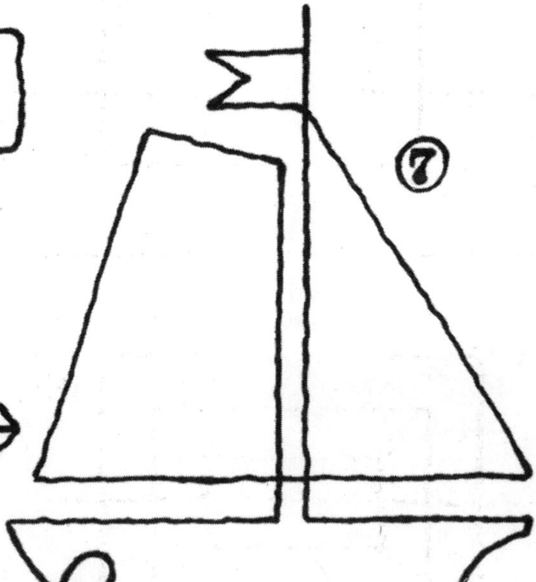

Die Lösungen stehen auf Seite 96.

## Promis sammeln ⑩ P

Man braucht wieder Papier und Bleistift. Einer sagt im Stillen das Alphabet auf, bis ein anderer „Stopp" sagt. Dann nennt er den Buchstaben, bei dem er angekommen ist, zum Beispiel „M". Jetzt müssen alle in drei Minuten möglichst viele berühmte Persönlichkeiten aufschreiben, deren Namen mit M beginnt: Mozart, Monroe, Maradona, McCartney, Messner ... Für jeden Namen gibt es einen Punkt. Wer die meisten Punkte hat, bekommt zum Nachtisch noch ein Eis.

## Stille Post ⑤ P

Ein lustiger Klassiker, der in einer Spielrunde während einer Fahrpause auf dem Rastplatz für Heiterkeit und Lockerung sorgen kann.

Einer fängt an und flüstert seinem Nachbarn einen Satz ins Ohr. Der gibt ihn auf dem gleichen Weg an seinen Nachbarn weiter – und zwar so, wie er ihn verstanden hat. So wandert der Satz von Ohr zu Ohr und erfährt dabei immer neue Variationen. Der Letzte in der Runde sagt dann laut das „Endergebnis" – und das hat höchstwahrscheinlich nicht mehr viel mit dem ursprünglichen Satz zu tun.

# Spiele für einen Urlaubsausflug

## Wie soll der Turm heißen? ⑤

Wenn man von einem Aussichtspunkt auf eine Stadt hinabschaut, sieht man viele unterschiedliche Türme: Kirchtürme, Türme auf Rathäusern, Schulen und anderen öffentlichen Gebäuden, Türme, die sich auf Stadtmauern erheben oder auch allein stehen. Alle Betrachter versuchen, den Türmen je nach Form und Ort passende Namen zu geben.

## Sightseeing von oben ⑧

Alle besteigen einen Aussichtsturm und haben einen Reiseführer mit Bildern der Stadt oder einen Stadtprospekt dabei. Nun wird versucht, Bauwerke, die dort abgebildet sind, von oben zu entdecken. Wer die meisten gefunden hat, bekommt eine kleine Belohnung, die er sich auf dem Stadtrundgang aussuchen darf.

## Suchspiel von oben ⑧

Noch ein Spiel für den Aussichtsturm. Ein Spieler erteilt den Auftrag, unten in der Stadt eine Telefonzelle, einen Passanten mit Hund, eine Frau mit Kinderwagen, ein rotes Auto o.ä. zu suchen. Wer als Erster das gesuchte „Objekt" findet und den anderen Mitspielern meldet, darf die nächste Suchaufgabe stellen.

## Wer kann den Stadtplan lesen? ⑫

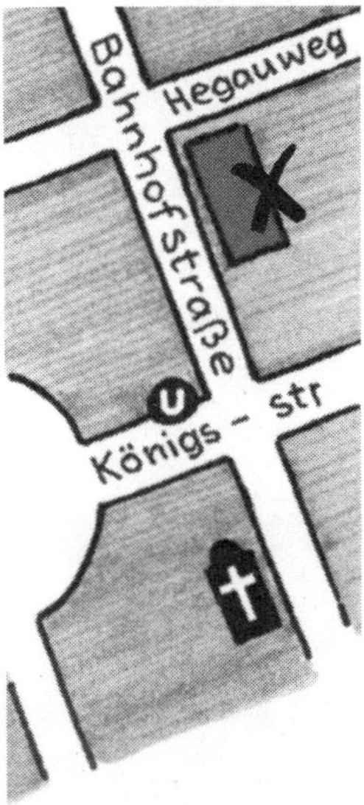


Sich mit Hilfe eines Stadtplans in einer fremden Stadt zurechtzufinden, ist auch für Erwachsene nicht immer einfach. Jetzt können die Kinder einmal ihren Orientierungssinn unter Beweis stellen. Die Eltern sagen zum Beispiel: „Jetzt gehen wir zum Völkerkundemuseum!", und die Kinder übernehmen mit Hilfe des Stadtplans die Führung. Wer (von den Eltern) nicht riskieren will, dass die ganze Familie mehrmals im Kreis marschiert, sollte sich zuvor die Strecke einprägen und gegebenenfalls „korrigierend" eingreifen.

## Objektsuche ⑤

Ein Spiel, mit dem man bei der Stadtbesichtigung die Aufmerksamkeit der Kinder etwas „schärfen“ oder „wiederbeleben“ kann.
Während des Stadtrundgangs werden verschiedene Suchobjekte benannt, nach denen alle Ausschau halten sollen, zum Beispiel:
Briefkästen,
Telefonzellen,
Bus- oder Straßenbahnhaltestellen,
Litfaßsäulen u.ä.
Wer das gesuchte Objekt zuerst entdeckt, legt das Ziel für die nächste Suche fest.
Das Spiel lässt sich – je nach Alter und Interesse der Kinder – aber auch gezielt in die Stadtbesichtigung integrieren. Dann soll zum Beispiel nach bemalten Häusern, alten Aushängeschildern vor Geschäften, bunten Glasfenstern, spitzen Giebeln, Zwiebeltürmen u.ä. gesucht werden.
Wer die meisten Ergebnisse vorweisen kann, darf bestimmen, in welchem Café Pause gemacht wird!

## Wohin des Weges? ⑧

Wenn eine kurze Rast, zum Beispiel auf einer Bank in einer Grünanlage oder an einem Platz, eingelegt wird, gucken sich alle einen bestimmten Passanten aus. Dann werden Tipps abgegeben, welchen Weg er einschlägt. Geht er geradeaus über die Straße oder den Platz? Biegt er rechts/links um die Kurve? Steuert er die Bushaltestelle an? Oder geht er in das Café gegenüber? Es gewinnt derjenige, der den richtigen Tipp abgegeben hat.

## Vorwärts, rückwärts, seitwärts ⑧

Wenn man mit Kindern bereits eine Reihe von Sehenswürdigkeiten „absolviert" hat, lässt bekanntlich bei ihnen das Interesse stark nach. In einer Verschnaufpause lässt sich dieses kleine Spiel zur Abwechslung einbauen. Alle gehen im Gleichschritt zehn Schritte vorwärts und bleiben stehen. Dann machen alle gemeinsam einen Schritt rückwärts, seitwärts (einmal rechts, einmal links), und dann das Ganze wieder von vorne.

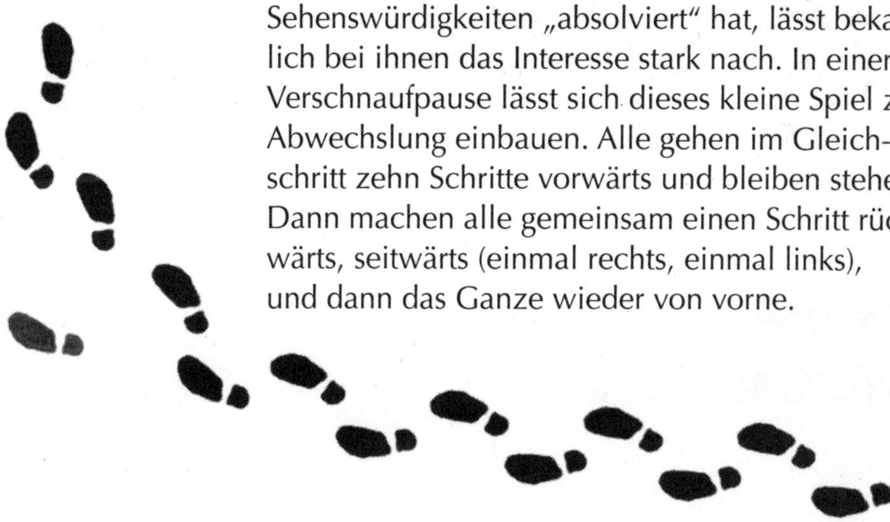

## Souvenir-Träume ⑤

Ein Rundgang durch eine Stadt schließt natürlich immer auch einen Schaufensterbummel mit ein. Und hier gibt es nicht nur für die Erwachsenen, sondern auch für die Kinder eine Menge zu sehen und zu bestaunen. Wenn zum Abschluss dann alle im Café ein Eis essen, erzählt jeder, welche Souvenirs er sich aus dieser Stadt mitnehmen würde – Geld spielt keine Rolle! Da kommt ganz sicher so viel zusammen, dass die Familie einen Lastwagen mit Anhänger bräuchte, um alles heimwärts zu transportieren.

## Wer kennt die Pflanze? ⑥

In kunstvoll angelegten Stadtgärten sind meist die Pflanzen (Blumen, Bäume, Sträucher) mit einem Namensschild versehen. Die Kinder laufen voraus, lesen die Schilder, kommen zurück und testen dann das Wissen ihrer Eltern.
Oje, da wird sicher so manche Wissenslücke erkannt! Das wiederum freut dann die Kinder!

## Getrennte Wege ⑫

Etwas größere und selbstständige Kinder haben Spaß daran, „in der Fremde“ auch einmal eigene Wege zu gehen. Beim Spaziergang durch einen (Stadt-)Park trennen sich Eltern und Kinder am Eingang und verabreden, dass sie sich in der nächsten halben Stunde nicht begegnen sollen. Nach Ablauf der Zeit finden sich alle an einem vereinbarten Treffpunkt wieder ein.
Wer findet die besseren Schleichwege? Vielleicht gibt es ja auch von unterwegs das eine oder andere kleine Erlebnis zu berichten.

## Das Brückenspiel ⑤

Ein Spiel für zwei Parteien – wenn Eltern mitmachen, spielt bei jeder Partei ein Elternteil mit. Gesucht wird eine Fußgängerbrücke. Eine Gruppe stellt sich an das eine Ende der Brücke, die andere Gruppe an das andere Ende. Auf das Kommando „Los!“ starten beide Gruppen, rennen über die Brücke zum anderen Ende und versuchen einander den Weg abzuschneiden.
Gewonnen hat die Partei, die sich als Erste auf der anderen Seite der Brücke versammelt.

## Museumssuche ⑧

Vor einem Besuch im Museum graut es Kindern meist. Doch hier lässt sich Abhilfe bzw. Anreiz schaffen! Die Eltern kaufen am Eingang eine Ansichtskarte von einem Ausstellungsstück des Museums, möglichst ein kleineres, das nicht gleich ins Auge fällt. Während des Rundgangs halten alle Ausschau danach. Wer es als Erster entdeckt (Eltern halten sich natürlich zurück!), behält die Ansichtskarte als Souvenir.

## Wer findet, was ich sehe? ⑩

Noch ein Spiel, das für Kinder den Rundgang durch ein (Kunst-)Museum abwechslungsreicher gestalten kann. Einer fängt an und sucht sich auf einem Gemälde einen Gegenstand aus: „Ich sehe ein Wappen mit einer weißen Lilie, wer sieht es noch?" Jetzt betrachten die anderen alle Gemälde in dem Raum genau und suchen nach dem Wappen. Wer es zuerst findet, darf den nächsten Gegenstand aussuchen. Auf diese Weise müssen sich alle jedes Bild genau anschauen – bei diesem Spiel ist Bildung zwangsläufig inklusive!

## Wohin führt die Spur? ⑩

Beim Spaziergang durch einen Park werden zwei Gruppen gebildet. Gruppe 1 macht sich als Erste auf den Weg und zieht einen spitzen Stock hinter sich her, sodass auf dem Weg eine Linie zu sehen ist. Ab und an wird der Stock hochgenommen und die Linie unterbrochen, am besten vor einer Abzweigung. Gruppe 2 startet fünf Minuten später, folgt dieser Linie und muss die erste Gruppe finden. Ist das gelungen, geht die zweite Gruppe los und legt eine neue Spur.

## Schlossgeschichten ⑧

Besucht man mit Kindern ein Schloss, sollte man (wenn möglich) nicht an einer Führung teilnehmen, sondern sich beim Rundgang von der Fantasie aller Beteiligten leiten lassen. Ein Erwachsener nennt zu Beginn kurz die wichtigsten Daten, zum Beispiel, wann das Schloss gebaut wurde und wer es bewohnt hat. Beim Rundgang denken sich alle zu den einzelnen Räumen und Einrichtungsgegenständen eine Geschichte aus. Hier wird die Geschichte des Schlosses völlig neu geschrieben!

## Ich sehe etwas, was du nicht siehst ⑤

Ein Spieleklassiker, der sich für jede Situation und in vielen Variationen eignet, also auch für den Stadtbummel. Einer beginnt: „Ich sehe etwas, das ist rund, blau, bewegt sich, kann aber selbst nicht laufen, sondern wird von einem Ort zum anderen getragen.“ In diesem Fall ist dies der große, blaue Hut einer Dame, die gerade über die Straße geht.

# Spiele am Strand und im Wasser

## Vorsicht Neptun! ④

Neptun, der Meeresgott, sitzt unter Wasser und wird fuchsteufelswild, wenn man seine Meeresruhe stört. Nähert sich ihm eine „Wasserratte“, so taucht er ab oder versucht sie durch heftiges Strampeln zu verjagen. Wem es dennoch gelingt, ihn zu berühren, darf als Nächster Neptun spielen.

## Der versenkte Schatz ⑩

Ein Spiel für Kinder, die gut schwimmen und tauchen können. Alle stellen sich rückwärts am Rand eines Schwimmbeckens (Swimmingpools) auf. Jetzt wird, von den Tauchern unbemerkt, ein „Schatz“ im Wasser versenkt, zum Beispiel eine Schwimmflosse, eine Taucherbrille oder ein in Alufolie gewickelter Apfel. Auf das Kommando „Los!“ drehen sich alle um und springen ins Wasser. Wer als Erster den Schatz entdeckt und hebt, bekommt ein Eis.

## Waltanz ⑤

Alle legen sich im flachen Wasser auf den Rücken, die Beine sind geschlossen. Auf Kommando heben alle die Beine so weit wie möglich aus dem Wasser und lassen sie dann wie ein Wal seine Fluke (stehende Schwanzflosse) mit einem Riesenspritzer wieder ins Wasser fallen. Bei wem gibt es wohl die größte Wasserfontäne?

## Achtung Krokodil ④

Alle Mitspieler gehen im Wasser auf und ab. Einer spielt das Krokodil, das Jagd auf Beute macht. Die anderen können im Wasser davonlaufen, aber auch wegschwimmen. Wer von dem Krokodil gefangen, d.h. berührt wird, muss als Nächster das Krokodil spielen.

## Vorsicht Krake! ⑤

Bei diesem Spiel ist Schwimmen nicht erlaubt!
Ein Spieler ist die Furcht erregende Krake.
Sie wandert im Wasser hin und her und sucht mit ihren langen Fangarmen ein Opfer. Die anderen sind vor ihr auf der Flucht und dürfen natürlich auch nicht schwimmen. Wer in die Fangarme der Krake gerät, muss als nächste Krake auf Beutejagd gehen.

## Fischers Fritze ⑤

Alle gehen auf „Fischfang". Der Jüngste fängt an und zieht sein Fischernetz (ersatzweise eine Plastiktüte) einmal im Kreis über den Meeresboden. Dann kippt er den Inhalt, kleine Muscheln, Steine, Pflanzen, Tang usw., am Ufer aus. Nun gehen alle ein Stück weiter, und der nächste „Fischer" geht auf Fang. Nach drei Fischzügen vergleichen alle ihren Fang.
Wer hat die reichste Beute, zum Beispiel die meisten Muscheln, Steine und Pflanzen, gemacht?

## Wasserballett ⑤

Ein Spiel für Groß und Klein, das sich auch als Wassergymnastik eignet. Alle Mitglieder des „Balletts" legen sich im flachen Wasser in einer Reihe auf den Rücken.
Einer spielt den „Ballettmeister", der vorgibt, was die anderen nachmachen sollen, zum Beispiel das linke Bein anheben, dann den rechten Arm, dann beide Beine, beide Arme ... usw.

## Wettschwimmen mit Handicap ⑩

Bei diesem Spiel im Schwimmbecken (Swimmingpool) sollen nur Kinder mitmachen, die bereits sehr sicher schwimmen können. Vier oder sechs Spieler bilden zwei bzw. drei Paare. Die Partner schwimmen hintereinander, wobei der Vordermann nur die Arme, der Hintermann nur die Beine bewegt.
Auf los gehts los!
Welches Paar schafft die Längsstrecke von einem bis zum anderen Beckenrand, und welches schlägt als Erstes an?

## Einkreisen ⑧

Je mehr bei diesem Spiel mitmachen, umso lustiger wird es. Alle Teilnehmer verteilen sich im Schwimmbecken (Swimmingpool). Dann beginnen drei Schwimmer, einen Spieler zu fangen. Der Fang ist nur dann gültig, wenn alle drei Fänger das Opfer eingekreist haben, indem sie sich schließlich an den Händen halten. Dabei darf der Gefangene nicht festgehalten werden. Der Gefangene reiht sich nun in den Kreis der Fänger ein, und wieder geht es auf die Jagd. Das Spiel ist zu Ende, wenn alle Spieler gefangen wurden.

## Alle meine Entchen ④

Ein Spiel für große und kleine Schwimmer (auch mit Schwimmflügelchen). Vorneweg schwimmt die „Entenmutter“, und alle kleinen „Entchen“ schwimmen hinterher. Die Entenmutter schwimmt mal geradeaus,
dann links herum und rechts herum,
dann im Zickzack
und im Kreis …
Da haben es die kleinen Entlein nicht ganz leicht zu folgen.
Wer von ihnen ist das geschickteste Entenkind?

## Luftballon-Spaß ⑧

Ein mit Wasser gefüllter Luftballon kann für jede Menge u.U. auch sehr nassen Spaß sorgen, denn was lässt sich mit ihm nicht alles anstellen!
Man kann damit Handball oder Fußball spielen, einen Wettbewerb im Weit- oder Hochwerfen veranstalten, ihn vom Zehnmeterbrett ins Wasser fallen lassen, ihn auf dem Kopf zu einem Ziel transportieren ... usw. Bei allen Spielvariationen muss natürlich darauf geachtet werden, dass der Wasserballon nicht platzt – wenn doch … umso lustiger!

## Schiff unter! ⑤

Ein Wasserspiel, bei dem die Teilnehmer etwa alle gleich groß sein sollten. Die Spieler stehen im Kreis bis zur Brust im Wasser. In der Mitte schwimmt eine Plastikschüssel. Jetzt versuchen alle durch Spritzen mit den Händen, das „Schiff" mit Wasser zu füllen, sodass es untergeht.

## Wasser-Pingpong ⑧

Für dieses Spiel werden Tischtennisbälle gebraucht, die man sicher am Strand oder im Schwimmbad auch kurz ausleihen kann. Jeder Spieler bekommt einen Tischtennisball und muss ihn über eine bestimmte Strecke im Wasser oder von einem Ende des Schwimmbeckens zum anderen pusten und hinterherschwimmen.
Gewonnen hat der, dessen Ball als Erster das Ziel im Wasser oder den gegenüberliegenden Beckenrand berührt.

## Sandburg mit Licht ⑤

Hier werden viele Hände gebraucht, denn es muss eine große Sandburg mit vielen Fenstern gebaut werden. Die Bauarbeiten können durchaus einen ganzen Tag dauern. Hat die Burg dann abends ihren letzten Schliff erhalten, und es ist dunkel, wird in den ausgehöhlten „Burghof" eine eingeschaltete Taschenlampe gelegt.
Das sieht wirklich toll aus!

## Vulkanlandschaft ⑤

Ein Spiel für die Dämmerung: Alle gehen an den Strand, und jeder nimmt eine Kerze mit. Jeder schüttet einen möglichst hohen Sandberg auf, drückt eine Mulde in die Spitze und setzt die brennende Kerze hinein. Wenn dann eine ganze Reihe solcher Strand-Hügel in der Dunkelheit „Feuer speien“, sieht das echt abenteuerlich aus!

## Die Sonnenuhr ⑤

Alle zusammen bauen morgens am Strand eine Sonnenuhr. Dazu muss eine Sandfläche glatt gestrichen und festgeklopft werden. Dann steckt man in die Mitte einen Stock und markiert mit Muscheln oder Steinen den Schatten, den der Stock wirft. Jede Stunde wird nun kontrolliert und markiert, wie sich der Schattenstand im Laufe des Tages verändert. Am folgenden Tag wiederholt man das Ganze und beobachtet, ob der Schatten auf die gleiche Weise wandert oder von den Markierungen des Vortages abweicht.

## Sandgalerie ⑧

Klein und Groß machen hier mit – denn so ergeben sich ganz unterschiedliche „Kunstrichtungen". Jeder nimmt einen Eimer oder ein anderes Gefäß und füllt es mit Wasser. Der „Galerieleiter" vergibt an jeden „Künstler" einen Auftrag für ein bestimmtes Motiv, zum Beispiel ein Tier, ein Segelschiff, einen Baum … Und alle formen im Sand ihr Kunstwerk. Damit dieses sich auch festigt und nicht auseinander fällt, muss viel Wasser zugegeben werden. Wenn alle fertig sind, können sie ihre Sand-Kunstwerke von Zuschauern am Strand begutachten und prämieren lassen.

## Wasserbilder ⑤

Alle suchen sich ein Gefäß, zum Beispiel eine kleine Gießkanne, ein Eimerchen, einen Plastikbecher u.ä., und füllen es mit Wasser. Jeder malt jetzt mit einem Wasserstrahl ein Bild in den Sand und beobachtet dann, wie es langsam wieder wegtrocknet.

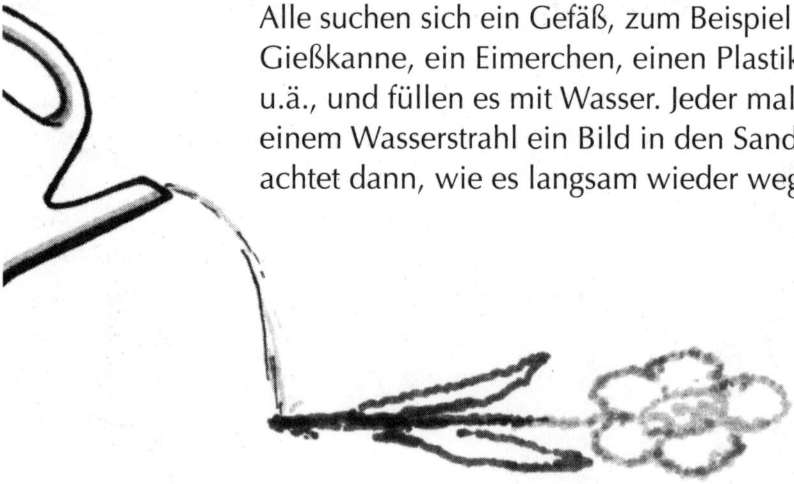

## Fährtensucher ⑧

Alle Spieler – je mehr, umso spannender – stellen sich barfüßig in den Sand.
Einer spielt den Fährtensucher: Er schaut sich die Füße seiner Mitspieler genau an und dreht ihnen dann den Rücken zu. Jetzt läuft der erste Mitspieler zu einem bestimmten Ziel und wieder zurück. Der Fährtensucher dreht sich um und muss nun an der Fußspur erkennen, wer hier gelaufen ist. Gelingt ihm das nicht, muss er sich wieder umdrehen, und der Nächste läuft los. Das geht so lange, bis er eine „Fährte" richtig gedeutet hat. Der erkannte „Strandläufer" muss dann als Nächster auf Spurensuche gehen.

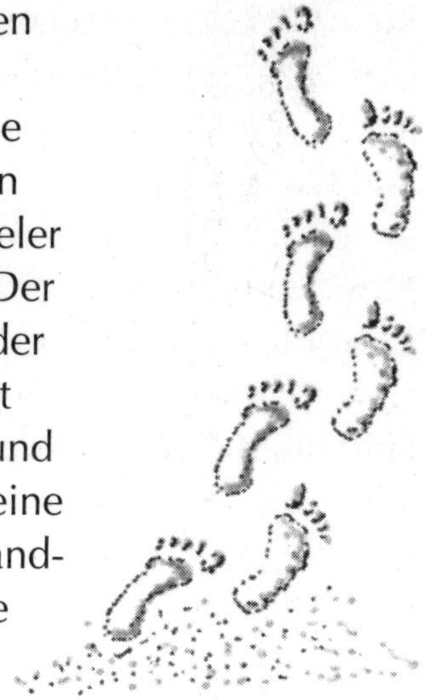

## Blindgänger ⑧

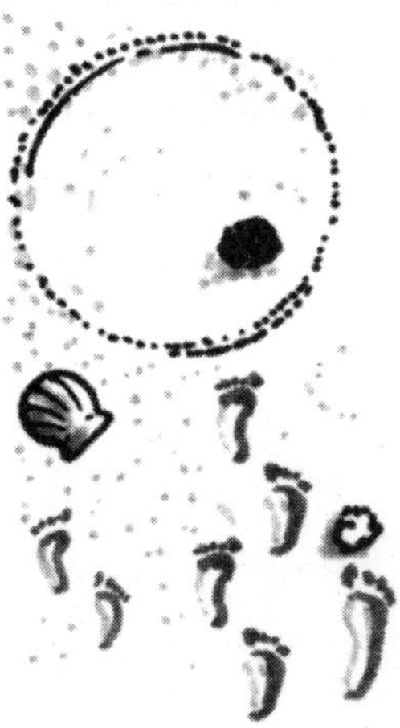

Man zeichnet im Sand mit einem Stock einen Kreis von etwa einem Meter Durchmesser.
Alle stellen sich 10 Meter entfernt davon an einer Startlinie auf. Jeder nimmt sich einen kleinen Stein oder eine Muschel zum Markieren mit. Jetzt gehen alle Spieler der Reihe nach mit verbundenen Augen so lange auf den Kreis zu, bis sie glauben, in dessen Mitte zu stehen. Dann nehmen sie die Augenbinde ab und markieren die Stelle, an der sie stehen. Wer dem Kreismittelpunkt am nächsten gekommen ist, hat gewonnen.

## Bilderrätsel ⑧

Mit dem Finger oder einem Stab wird ein großer „Bilderrahmen“ in den Sand gemalt. In diesen Rahmen legen alle Spieler möglichst viele Gegenstände, die sie am Strand gefunden haben, hinein. Ein Spieler prägt sich die Gegenstände 30 Sekunden lang fest ein, dann dreht er sich um.
Die anderen nehmen jetzt einige Gegenstände aus dem Rahmen heraus, und der Spieler muss raten, welche Teile des „Bildes“ verschwunden sind.

## Wann bricht die Welle? ⑤

Zwei Spieler gehen am Strand entlang und suchen gemeinsam weiter draußen auf dem Meer eine Welle aus. Dann beobachten sie, wie die Welle auf den Strand zurollt. Wenn sie sich bricht, rufen sie „jetzt!“ Wer ruft zu früh oder zu spät oder genau im richtigen Augenblick?

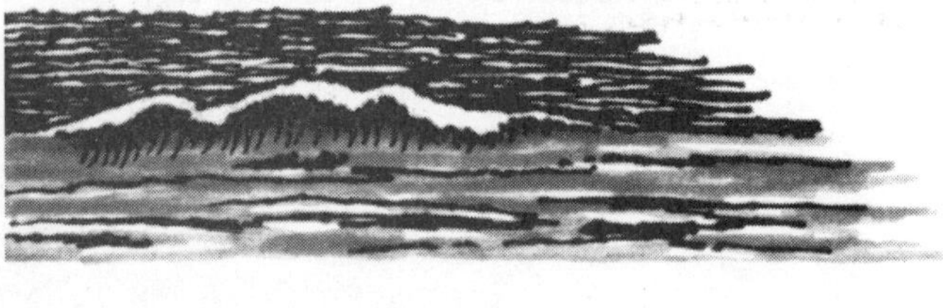

## Sandmalereien ⑤

Alle stellen sich ganz dicht ans Wasser und malen mit einem Stöckchen verschiedene Bilder in den feuchten Sand oder Schlick. Dann wird gewettet, wessen Bild die Wellen zuerst wegspülen.

## Den Horizont beobachten ⑩

Am Meer lässt sich mit einem Blick auf den Horizont erkennen, dass die Erde eine Kugel und ihre Oberfläche entsprechend gekrümmt ist. Ein Schiff, das weit draußen auf dem Meer fährt, kann man selbst mit einem sehr starken Fernrohr nicht sehen – erst, wenn es am Horizont auftaucht. Zunächst sind der Kamin oder die Masten zu erkennen, dann das Schiffsdeck und schließlich das ganze Schiff.

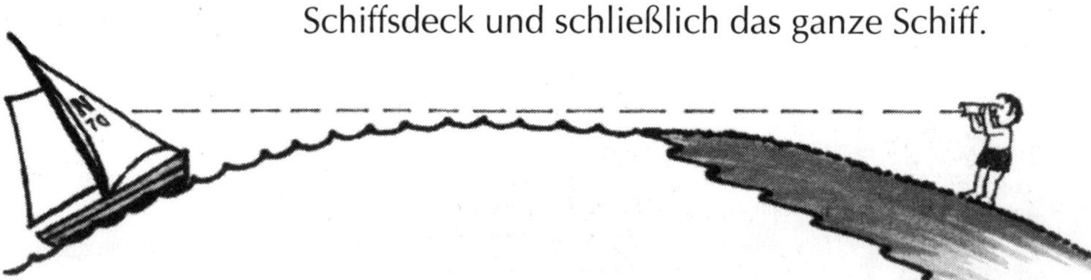

## Das Piratenschiff ⑩

Die Spieler sitzen am Strand und suchen das Meer nach einem Segelschiff ab.
Wurde eines entdeckt, stellen sich alle vor, dass es das Schiff eines berüchtigten Piraten ist und denken sich zusammen eine schaurige Piratengeschichte aus. Dabei darf grenzenlos fantasiert werden!

## Gespensterburg ⑤

Hier können viele Kinder mitspielen. Alle zusammen bauen einen möglichst langen „Burgwall" aus Sand. Dann teilen sich die Spieler in zwei Gruppen. Die eine Gruppe der „Gespenster" steht innerhalb der Burg, die andere außerhalb. Nun versucht die äußere Gruppe die Gespenster zu ärgern, indem ihre Mitglieder um die Burg herumrennen und dabei immer wieder rein- und rausspringen. Die Gespenster ihrerseits versuchen, die „Außenseiter" zu sich hineinzuziehen und in Gespenster zu verwandeln. Sie dürfen dabei aber nicht über den Wall treten. Sobald ein Außenseiter von einem Gespenst berührt wurde, scheidet er aus.
Nach 10 Minuten wird gewechselt.

## Strandhüpfer ⑧

Vier, sechs oder acht Kinder treten jeweils zu zweit zum Wettkampf an. Sie stellen sich hintereinander, und der Hintermann klammert seine Arme um den Bauch des Vordermanns. Auf „Los!" hüpfen alle Paare über eine bestimmte Strecke zu einem Ziel. Wer unterwegs seinen Vordermann loslässt, wird disqualifiziert.

## Rückwärts rundherum ⑧

Die Spieler stellen sich an einer Startlinie auf. Auf Kommando laufen alle so schnell wie möglich rückwärts zu einem festgelegten Ziel, zum Beispiel einem Sonnenschirm, umrunden ihn einmal rückwärts und laufen rückwärts wieder zurück zum Start. Wer unterwegs die Laufrichtung wechselt, d.h. vorwärts läuft, scheidet aus.
Der Erste, der den Rundumlauf fehlerfrei im Rückwärtsgang absolviert hat, ist Sieger.

## Schattenfiguren ⑩

Zu diesem Spiel wird ein großes Handtuch gebraucht. Jeder Mitspieler rennt nun einmal damit den Strand entlang und lässt es im Wind flattern. Dabei versucht er es so zu halten, dass sich der Schatten des Handtuchs in verschiedene Figuren verwandelt, zum Beispiel in einen Albatros, eine Fledermaus, ein Schiffssegel u.ä.
Wem gelingt die originellste Figur?

## Dieb im Königreich ⑧

Mit einem Stab wird ein großer Kreis in den Sand gezogen – das ist die Grenze des „Königreichs". Die Spieler wählen einen aus der Gruppe zum König. Der wandert nun innerhalb des Kreises auf und ab. Die übrigen Mitspieler schleichen um das Königreich herum.
Ab und zu springt ein „Fremder" hinein und ruft dabei: „König, ich bin in deinem Land!" und stiehlt sich eine Hand voll Sand. Der König muss nun versuchen, den Eindringling und Dieb zu fangen. Gelingt ihm das, spielt der Dieb den nächsten König.

# Spiele für einen Regentag

## Auf Schatzsuche ⑧

Ein Spiel für ein Einzelkind, das von den Eltern auf eine ganz besondere Schatzsuche geschickt wird. Als „Schatzkarte“ dient ein Buch, je dicker, umso besser. Auf Seite 1 steht der erste Hinweis auf den Schatz: Mit Bleistift ist am Rand die Buchseite angegeben, auf der sich der zweite Hinweis versteckt usw. Auf diese Weise wird das Kind kreuz und quer durch das Buch geschickt. Am Ende der Suche ist auf einer Seite ein bestimmtes Wort eingeringelt, zum Beispiel „Schrank“.

Der Schatzsucher weiß nun, dass er alle Schränke im Hotelzimmer oder in der Ferienwohnung genau durchsuchen muss. Dort wird er dann auch den Schatz finden, zum Beispiel ein kleines Buch, eine Tafel Schokolade oder einen Gutschein für die Gokart-Bahn.

## Der Vorleser ⑧

Ein Spiel für zwei. Einer liest aus einem Buch einen Satz vor, allerdings nur den Anfang des Satzes. Der Zuhörer muss nun den Satz ergänzen.
Oder das Ende eines Satzes wird vorgelesen, und der Anfang soll gefunden werden.
Das Ganze wird dann mit vertauschten Rollen weitergespielt.

## Wattefußball ⑧

Ein lustiges Spiel für zwei Mannschaften.
Alle sitzen am Tisch, an jedem Tischende wird mit einer Linie ein Tor markiert. In der Mitte des Tisches liegt ein Wattebausch.
Auf ein Startzeichen hin versucht nun jede Mannschaft, den „Watte-Fußball" in das gegnerische Tor zu blasen.

## Münztanz ⑥

Ein Spiel für vier, gespielt wird mit Münzen am Tisch (Tischdecke vorher abnehmen). Jeder Spieler steht an einer Tischkante und stellt seine Münze senkrecht auf den Tisch. Man braucht dazu eine ruhige Hand und etwas Geduld. Dann stoßen alle gleichzeitig vorsichtig ihre Münze an, und diese rollt und trudelt über den Tisch.
Derjenige, dessen Münze am längsten „tanzt", darf alle Münzen einkassieren.

## Was schmeckst du? ⑧

Bei diesem Spiel soll jeder Teilnehmer mit verbundenen Augen erraten, wovon er gerade gekostet hat. Natürlich sollen nur Dinge erraten werden, die man auch essen kann. Schwierig wird es, wenn man dem jeweiligen Spieler beim Probieren die Nase zuhält. Dann lässt sich für ihn kaum unterscheiden, ob er gerade in ein Stück Apfel oder Zwiebel gebissen hat! Tatsache!

## Bonbon-Lotto ⑤

Ein Glücksspiel mit Würfel. Alle Teilnehmer sitzen rund um den Tisch. Auf dem Tisch sind Bonbons verteilt, und zwar ein Bonbon, zwei, drei, vier, fünf und sechs … mindestens sechs Bonbonhäufchen sollten auf dem Tisch liegen. Der jüngste Spieler darf anfangen. Würfelt er eine „2“, darf er zwei Bonbons einkassieren, wirft er sogar eine „6“, kann er sechs Bonbons einstreichen. Haben die Spieler die erste Lage Bonbons eingesammelt, werden neue Bonbonhäufchen ausgelegt.
Es wird reihum so lange gewürfelt, bis der Bonbonvorrat aufgebraucht ist.

## Wer hat die meisten Kleider? ⑧

In der Zimmermitte werden ganz viele Kleidungsstücke auf einen Haufen gelegt:
Pullover, Hosen, T-Shirts, Schuhe, Tücher, Sonnenhüte, Taucherflossen und Taucherbrillen, Badeanzüge und Badehosen usw.
Auf Kommando versuchen jetzt alle innerhalb einer Minute möglichst viele Kleidungsstücke anzuziehen.
Wer nach Ablauf der Zeit die meisten trägt oder am ulkigsten aussieht, hat gewonnen.

## Himbeereis mit Sahne ⑧

Ein Spiel (möglichst mit Stoppuhr), bei dem schnelles Reaktionsvermögen gefragt ist. Einer sagt zum Beispiel „Himbeereis". Der Nächste in der Runde muss in zwei Sekunden einen Begriff nennen, der ihm zu Himbeereis einfällt, zum Beispiel „Sahne".
Und was fällt einem ganz schnell hierzu ein? Vielleicht „Torte", weiter geht es dann mit „Bäcker", … usw.
Wer nicht in zwei Sekunden einen Begriff genannt hat, scheidet aus. Das Spiel macht so lange die Runde, bis alle Spieler ausgeschieden sind.

## Das Inserat ⑩

Ein vergnügliches Schreibspiel für vier bis sechs Spieler. Zusammen soll ein Inserat in der Zeitung aufgegeben werden, das folgende Punkte enthält: a) einen Gegenstand, b) was mit dem Gegenstand geschehen soll, c) besondere Eigenschaften des Gegenstandes, d) den Zustand des Gegenstandes. Alle Mitspieler bekommen einen Zettel. Jeder schreibt nun oben den ersten Punkt auf, knickt den Zettel so um, dass der Nachbar das Geschriebene nicht lesen kann und gibt den Zettel weiter. Dann schreiben alle den zweiten Punkt auf, knicken den Zettel wieder um und geben ihn weiter usw. Am Ende kommen recht merkwürdige Inserate zustande, zum Beispiel:

**Staubsauger**
**als Reisebegleiter gesucht**
**mit dreifachem Schleudergang**
**frisch geimpft**

## Kartentunnel ⑧

Auf dem Tisch wird ein Tunnel aus Spielkarten aufgebaut und davor eine Münze hingelegt. Wer schafft es, die Münze mit dem Finger so durch den Tunnel zu schnipsen, dass die Karten nicht umfallen?

## Auskunftsschalter ⑩

Ein Spiel für witzige Sprüche und Ideen. Einer spielt den „Schalterbeamten“. Er setzt sich hinter einen improvisierten Auskunftsschalter.
Die anderen stellen sich der Reihe nach am „Schalter“ an. Jeder will eine spezielle Auskunft haben. Es sollen aber nur ganz komische und ulkige Fragen gestellt werden, die der Schalterbeamte natürlich entsprechend ausführlich und vor allem „hilfreich“ beantworten muss. Da sind Spontanität und Einfallsreichtum gefragt, wenn zum Beispiel folgende Fragen gestellt werden: „Könnten Sie mir bitte sagen, wie heute Nachmittag das Wetter in Peking ist?“ … „Wir haben aus dem Urlaub ein Kamel mitgebracht, muss es bei uns eine Steuermarke tragen?“ … „Ich möchte mich als Präsident der Vereinigten Staaten bewerben, welche Unterlagen muss ich mitbringen?“ … „Wie viel kostet ein Wochenend-Familien-Ticket im Space-Shuttle?“

## Die böse Drei ⑤

Ein Würfelspiel mit Haken. Jeder darf so lange würfeln, wie er will und die Augenzahl zusammenzählen. Würfelt er allerdings eine „Drei“, ist jeder Punktegewinn dahin.
Alle bisherigen Würfe werden dann nicht gewertet, und er muss den Würfel an den nächsten Spieler weitergeben.

## Steckbrieflich gesucht ⑩

Alle Spieler schreiben auf ein Blatt Papier ihren eigenen Steckbrief auf, d.h. sie beschreiben in kurzen Worten ihre wichtigsten Merkmale, und dabei kann ruhig ein klein wenig gemogelt werden. Die Steckbriefe werden zusammengefaltet, gemischt und verteilt. Jeder muss nun die steckbrieflich gesuchte Person finden.

## Lass dich überraschen! ⑧

Ein Spiel für Groß und Klein. Auf dem Tisch werden so viele Schreibblätter aneinander gereiht ausgelegt, dass die gesamte Tischfläche mit Papier bedeckt wird. Um diese große Schreibfläche herum sitzen vier bis acht Spieler. Jeder zeichnet auf der Papierfläche drei bis vier unterschiedlich große Spielfelder ein, die aneinander gereiht werden, sodass ein großes Spielfeld entsteht. Dann sucht sich jeder Teilnehmer zwei bis drei Felder aus und schreibt eine kleine, nette Überraschung hinein, zum Beispiel:
Ich spendiere dir ein Eis.
Ich leih dir einen Tag meine Schwimmflossen.
Ich kraul dir heute Abend im Bett den Rücken.
Gutschein für eine halbe Stunde Tretbootfahren.
Gutschein für die Riesenrutsche im Wasserpark.
Einige Felder sollen auch leer bleiben. Jetzt wird gewürfelt, und wer auf ein beschriebenes Feld kommt, kann sich freuen!

## Würfelspiele ⑩

Würfelspiele lassen sich immer und überall, wo sich ein Tisch findet, durchführen – auch in der Hotelhalle, in der Eisdiele …

### Zähle bis tausend

Es wird reihum gewürfelt, und jeder Spieler addiert alle seine Zahlen. Nach jedem Wurf kommt also eine neue Zahl zu der bereits bestehenden Summe dazu. Wer zuerst die Zahl „1000“ erreicht hat, ist Sieger. Das kann ganz schön lange dauern.

### Siebzehn und vier

Dieses bekannte Kartenspiel lässt sich auch mit Würfeln durchführen. Wer zuerst die Zahl 21 erreicht, hat gewonnen. Jeder, der über 21 kommt, scheidet aus. Wenn keiner in der ersten Runde 21 erreicht, wird eine neue Runde gewürfelt.

### Bloß keine Eins

Jeder würfelt so lange, wie er will und zählt seine Würfelzahlen zusammen. Zeigt der Würfel aber eine „1“, muss er ihn an den nächsten Spieler weitergeben. Wer als Erster die Zahl „101“ erreicht, hat gewonnen.

## Streichholz-Spiele ⑫

Mit Streichhölzern lässt sich eine ganze Menge Unterhaltsames anfangen. Besonders beliebt sind schwierige „Knobeleien", bei denen auch mehrere Spieler gegeneinander antreten können:

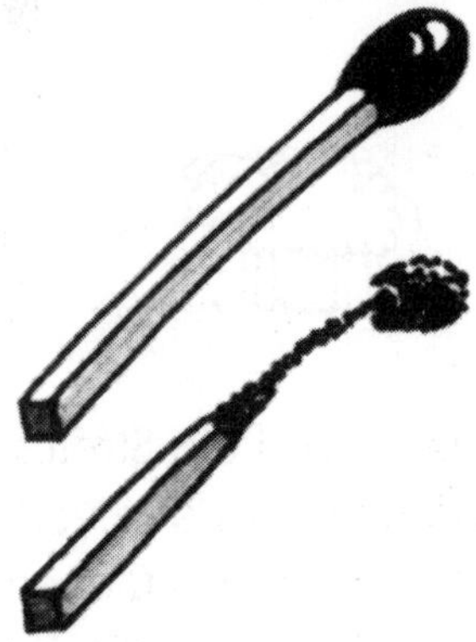

### Ein Esel im Haus

Aus elf Streichhölzern wird ein Haus gebaut.

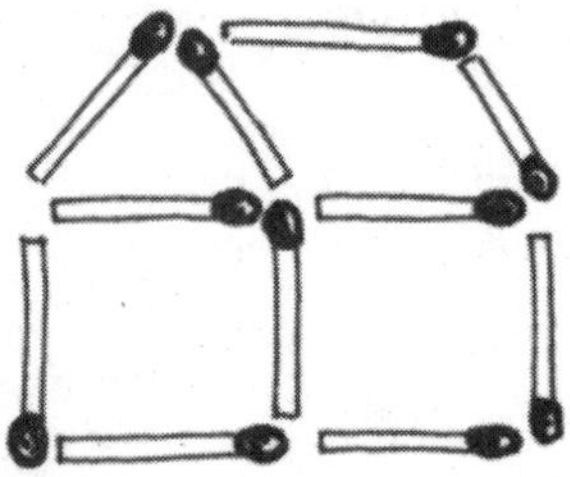

Wenn man noch zwei Hölzchen hinzufügt und zwei andere umlegt, lässt sich aus dem Haus ein Esel machen. Wer weiß als Erster wie's geht?

### Doppel-Acht

Mit fünfzehn Streichhölzern wird eine doppelte Acht gelegt.

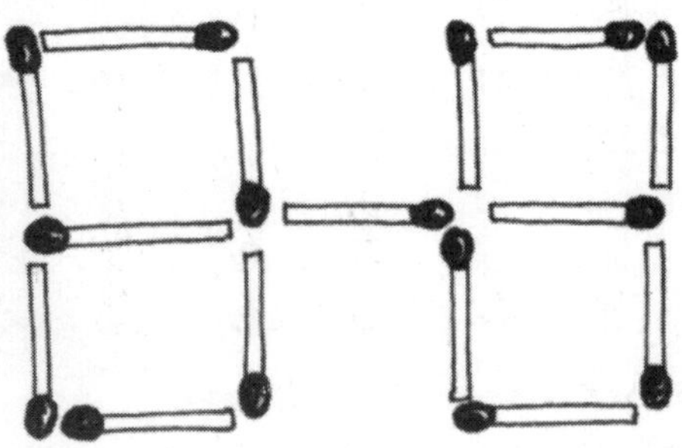

Durch Umlegen von zwei Hölzchen sollen fünf gleich große Quadrate entstehen. Wer schafft das am schnellsten?

Die Lösungen stehen auf Seite 96.

### Schafstall

Aus dreizehn Streichhölzern wird ein Gatter gebaut, in dem sechs Schafe jeweils ein gleich großes Feld zur Verfügung haben.

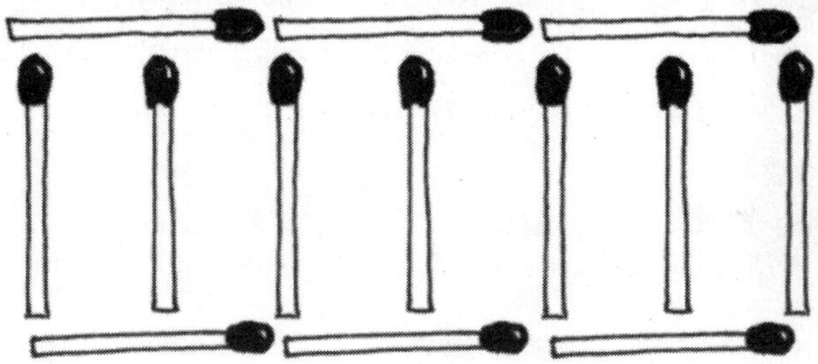

Jetzt wird ein Streichholz entfernt, und das Gatter ist defekt. Aus den verbliebenen zwölf Streichhölzern lässt sich das Gehege nun so reparieren, dass alle sechs Schafe wieder einen gleich großen Platz bekommen. Wer baut am schnellsten um?

### Bunte Reihe

Mit acht Streichhölzern wird eine „bunte Reihe" gelegt. Vier Hölzchen zeigen mit dem Kopf nach unten, vier mit dem Kopf nach oben. Zwei Plätze bleiben frei.

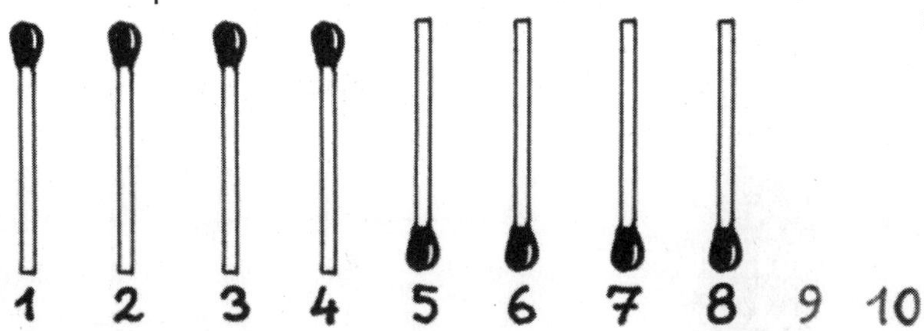


Jetzt soll diese Reihe unter Verwendung der freien Plätze noch abwechslungsreicher gestaltet werden. Wieder müssen die Streichhölzer abwechselnd mit dem Kopf nach oben und nach unten zeigen. Zwei nebeneinander liegende Hölzchen dürfen mit einem Zug bewegt werden. Insgesamt sind aber nur vier Züge erlaubt. Schwierig!

## Buchstabenlotterie ⑩

Alle Spieler schreiben auf viele kleine Zettel die Buchstaben des Alphabets. Nur die Buchstaben „E“, „N“ und „A“ dürfen mehrmals vorkommen. Jetzt werden alle Zettel zusammengefaltet und in einen Hut gelegt. Der erste Spieler zieht einen Zettel aus dem Hut, vielleicht mit dem Buchstaben „B“. Wer von den Mitspielern zuerst ein Wort mit B nennt, der zieht den nächsten Zettel, zum Beispiel mit dem Buchstaben „O“. Jetzt muss ein Wort genannt werden, das beide Buchstaben enthält, dann zieht der Nächste einen Zettel usw.
Mit jedem Buchstaben wird es schwieriger, ein passendes Wort zu finden.

## Hindernis-Express ⑧

In einem Raum werden verschiedene Gegenstände als Hindernisse aufgebaut, zum Beispiel ein Stuhl, ein Koffer, ein Schwimmreifen, eine Kühltasche usw. Alle Spieler bilden eine Schlange, bei der sich jeder an seinem Vordermann festhält. Dann werden allen – außer dem „Zugführer“ – die Augen verbunden. Der Zugführer lenkt nun die „Express-Waggons“ so schnell wie möglich über die Hindernisse. Die anderen müssen aufpassen, dass kein Waggon bei der „Fahrt“ abgehängt wird. Nach jedem Rundlauf wird der Zugführer ausgewechselt.

## Wer bin ich? ⑫

Ein beliebtes Spiel, bei dem auch ein wenig Allgemeinbildung gefragt ist. Ein Teilnehmer wird vor die Tür geschickt, und die anderen bestimmen eine berühmte Persönlichkeit, die er sein soll, zum Beispiel ein bekannter Politiker, ein berühmter Maler oder Dichter, eine Romanfigur, ein bekannter Sportler, ein Filmschauspieler usw. Dann wird der Spieler hereingeholt und muss nur durch gezielte Fragen die Person erraten, die er darstellt.
Die Fragen dürfen nur mit „Ja“ oder „Nein“ beantwortet werden. Sieger ist, wer die wenigsten Fragen stellen muss.

## Dreh den Teller ⑩

Alle Teilnehmer sitzen im Kreis, und jeder erhält eine Nummer, die er sich gut merken muss. Der erste Spieler steht in der Mitte und dreht einen Teller auf seiner Kante wie einen Kreisel.
Wenn der Teller anfängt, sich mit Schwung zu drehen, ruft der Spieler eine Nummer. Der Spieler mit der genannten Nummer springt in die Mitte, denn er muss den Teller auffangen, ehe dieser aufhört, sich zu drehen und umfällt. Schafft er es, ist er mit Drehen dran, kommt er zu spät, muss er ein Pfand abgeben, und der erste Spieler darf noch einmal drehen.

## Wer wird Ferienmillionär? ⑫

Hier wird nach der Vorlage der berühmten TV-Quizshow gespielt. Für das Urlaubs-Quiz muss einiges vorbereitet werden. Ein Erwachsener denkt sich zehn Fragen mit jeweils vier Antworten aus, von denen nur eine richtig ist. Die Fragen werden aufsteigend immer etwas schwerer – die zehnte Frage ist die „Millionen-Frage“, deren korrekte Beantwortung natürlich einen attraktiven Gewinn versprechen sollte!

Es können unterschiedliche Gewinne festgelegt und entsprechend nach oben gestaffelt werden.
Es gibt drei Joker:
a) Publikum fragen
b) zwei falsche Antworten weg
c) Frage tauschen

Zur Anregung eine kleine Fragenauswahl:

**1. Ein Sprichwort sagt:**
**„Wer anderen eine Grube gräbt, ...“?**
**a) ist selbst dran schuld**
**b) hat keinen eigenen Garten**
**c) fällt selbst hinein**
**d) braucht Bewegung**

**2. Wer ist der Vorfahre des Hundes?**
**a) der Schakal**
**b) der Wolf**
**c) der Luchs**
**d) der Tiger**

**3. Wie verschickt Harry Potter seine Briefe?**
**a) mit der Post**
**b) mit einer Brieftaube**
**c) mit einer Eule**
**d) mit einer Fledermaus**

4. Wie heißt die Hauptstadt der Schweiz?
a) Bern
b) Zürich
c) Genf
d) Basel

5. Bei welcher legendären Gruppe war Paul McCartney Mitglied?
a) Bee Gees
b) Beatles
c) Genesis
d) Queen

6. Zu welchem Land gehört die Insel Sardinien?
a) Frankreich
b) Griechenland
c) Türkei
d) Italien

7. Wie heißt der Quizmaster bei „Wer wird Millionär?"?
a) Thomas Gottschalk
b) Jörg Pilawa
c) Günther Jauch
d) Stefan Raab

8. Wie heißt der geliebte Hund des Münchner Modezars Rudolph Mooshammer?
a) Dolly
b) Dixie
c) Daisy
d) Dany

9. Was bedeutet die Abkürzung „SMS"?
a) save my soul
b) send me something
c) short message service
d) some miles service

10. Was sind Koniferen?
a) Nadelbäume
b) kleine Inselgruppen
c) besonders begabte Menschen
d) Gebirgszüge

Die Lösungen stehen auf Seite 96.

## Zeichensprache ⑫

Ein Spiel für zwei Parteien und einen Spielleiter, jede Gruppe sitzt an einem Tisch. Dann schickt jede Gruppe einen Vertreter zum Spielleiter, und der flüstert diesem ein zusammengesetztes Wort wie „Schlafmütze", „Bücherwurm" oder „Heuschnupfen" ins Ohr. Beide Vertreter versuchen nun jeweils ihrer Gruppe mit einer „treffenden" Zeichnung das Wort zu erklären. Nicht einfach, oder? Hat eine Partei das Wort erraten, schickt sie den nächsten Vertreter zum Spielleiter, um sich ein neues Wort zu holen. Gewonnen hat die Partei, die die meisten Wörter in der kürzesten Zeit erraten hat.

## Plumpsack geht um ⑤

Alle Teilnehmer sitzen im Kreis, das Gesicht zur Kreismitte, die Hände auf dem Rücken. Ein Spieler geht mit einem geknoteten Taschentuch außen herum und ruft: „Dreht euch nicht um, der Plumpsack geht um!" Dann legt er plötzlich das Taschentuch in die Hände eines sitzenden Mitspielers. Der muss nun blitzschnell aufstehen und wie der Plumpsack um den Kreis herumrennen, allerdings in entgegengesetzter Richtung. Wer den frei gewordenen Platz als Letzter erreicht, ist der nächste Plumpsack.

## Genuss mit Hindernissen ⑩

Ein beliebtes Spiel, dass immer für viel Gelächter sorgt. Auf dem Tisch liegen eine Tafel Schokolade, Messer und Gabel, eine Taucherbrille und ein Sonnenhut (oder eine Kappe). Nun wird reihum gewürfelt. Wer eine „6" würfelt, setzt blitzschnell die Taucherbrille und den Hut auf und versucht dann, die Schokolade mit Messer und Gabel zu essen. Er wird kaum lange genießen können, denn schon hat wieder einer eine „6" gewürfelt. Da auch dieser Spieler möglichst viel von der Schokolade erwischen möchte, muss der Tausch der "Ausrüstung" ganz fix gehen. Meist kann einer aber nicht einmal mehr den Hut aufsetzen, da muss er schon wieder alles abgeben.

Mit einem Strich (Seite 50/51)

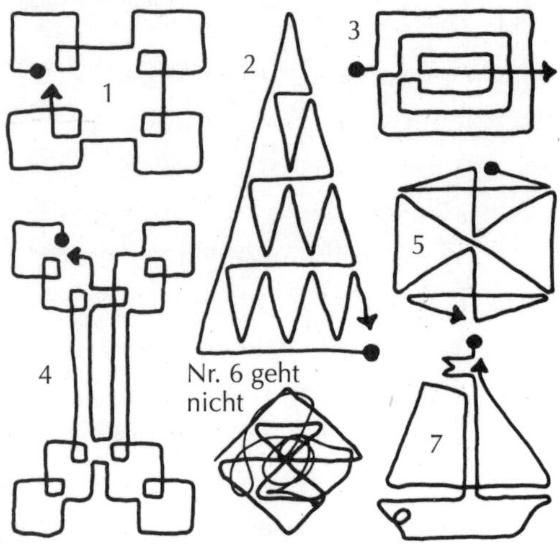


Streichholzspiele (Seite 88/89)

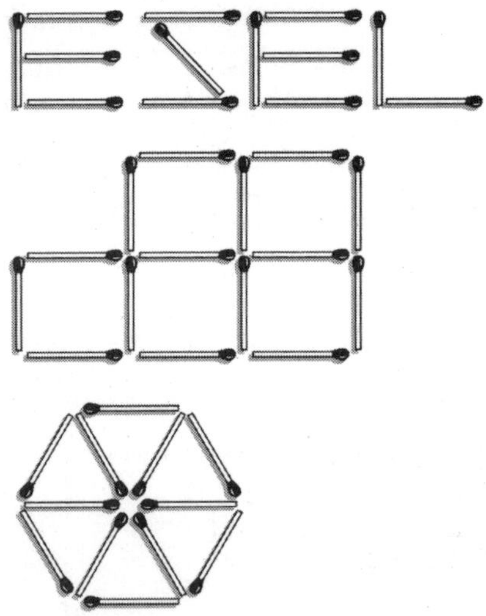

Bunte Reihe (Seite 89)
Streichholz 2 und 3 nach 9 und 10,
Streichholz 5 und 6 nach 2 und 3,
Streichholz 8 und 9 nach 5 und 6,
Streichholz 1 und 2 nach 8 und 9.

Wer wird Ferienmillionär? (Seite 92/93)
1 c) ... fällt selbst hinein, 2 b) der Wolf,
3 c) mit einer Eule, 4 a) Bern, 5 b) Beatles,
6 d) Italien,7 c) Günther Jauch, 8 c) Daisy,
9 c) short message service, 10 a) Nadelbäume